ちくま新書

大阪維新の会
——「財政ポピュリズム」の正体

介
nsuke

1802

検証　大阪維新の会——「財政ポピュリズム」の正体【目次】

はじめに

二〇二三年七月三〇日に行われた宮城県仙台市議会選挙で、日本維新の会に所属する五名の市議が初当選を果たした。このうち、仙台市泉区では維新の候補者が同区内でトップ当選している。仙台市に先立って行われた二〇二三年四月の統一地方選では、首都圏でも維新が議席を伸ばし、大阪をはじめとする近畿圏の「地場政党」と言われてきた維新の会の影響力が、他の地方都市に伝播《でんぱ》しつつあることが鮮明になった。

自民党や立憲民主党といった既存政党の担当者は、維新の影響力が全国化することに強い警戒感を示している。国政における政権交代の議論が複雑さを増す中、民主主義による意思決定の「シャッフル」の可能性の中心にいるのは「維新の会」という組織なのではないだろうか。

維新の会に対する支持の背景には、彼らが成果として喧伝する「身を切る改革」や私立高校の授業料無償化政策がある。また、単なる将来構想にとどまらず、政策の成果を大阪という「根拠地」から主張できるのが、他の野党と比較した場合の維新の強みといえる。

二〇一一年の大阪府知事選と大阪市長選、いわゆるダブル選挙の結果、大阪維新の会所属の首長が誕生した。以後、十数年にわたって、維新の会は大阪府と大阪市の地方行財政への影響力を強化してきた。一方、具体的な政策の方針は、その間一貫してきたわけではない。

当初、「二重行政の解消」を目的にいわゆる「大阪都構想」を掲げたが、二〇一五年、二〇二〇年の二度にわたる住民投票で、僅差ではあるものの案は否決された。とりわけ二〇二〇年の住民投票は新型コロナの感染が拡大する中で強行された選挙であった。当時の大阪市内では、大阪モデルに基づくイエローステージの最中であり、大人数イベントの実施に一定の制限がかけられていた。都構想推進を掲げる維新の会とその反対陣営が、大阪市内の人通りもまばらな夜の街で声を上げる姿は、一種異様な空気を醸していた。

二〇二三年現在、かつてあれほど躍っていた大阪都構想の文字を、大阪の街で見かけることはほとんどなくなった。外され忘れたポスターの色褪せた都構想の文字が、往時の熱狂を伝えるに過ぎない。

かわって掲げられるようになったのが、二〇二五年大阪・関西万博である。その奇抜なデザインから一部で物議を醸した公式キャラクター「ミャクミャク」を、大阪の街で見かける機会が増えた。しかし、工期の遅れや、人工島・夢洲《ゆめしま》の軟弱な地盤の改良工事などによって膨らむ予定建設費が足かせとなりつつある。デジタルサイネージを通じて伝えられる万博の呼称は一時「日本国際博覧会2025（大阪・関西万博）」となり、大阪・関西というキーワードは、文字通り後景に退いた。

巨大な行政プロジェクトを掲げながら、近年、維新の会がとみに強調するのは「教育費の無償化、所得制限の撤廃」である。反面、「身を切る改革」というスローガンのもと、維新は公共サービスの膨張には否定的な姿勢も示している。教育費を無償化し、その所得制限を撤廃するという財政支出の膨張を伴う政策を主張しながら、一方で公共支出の増加を攻撃するという点で、維新を従来の新自由主義や保守／革新の枠組みで理解することは難しい。行政部門の改革や官僚組織への批判という新自由主義的側面を持ちながら、普遍主義的な教育政策という政府部門の拡大ともいえる政策を積極的に行う、維新の会の矛盾をつなぐものは何だろうか。

大阪維新の会についての分析や研究は、これまでも数多くなされてきた。維新の会が進める政策に関しては、大阪維新の会や日本維新の会に所属する議員らを中心に、その「成果」が語られてきた。反面、維新が批判対象としてきた公務員や中間組織の側からは、彼らの政策内容の危険性や問題点も数多く指摘された。また、政治学を中心に、大阪維新の会の選挙における特徴的な強さと、都構想の否決という結果の矛盾を問う投票行動分析も蓄積されている。しかし、これまでの分析や研究では、大阪維新の会の政策内容が、人びとの意識や評価とどのようにつながっているのかを、政策論の面から明らかにするものは少なかったように思える。

私立高校の授業料無償化の所得制限撤廃といった教育政策や大阪都構想、万博は、いずれも同じ大阪維新の会が推進する政策である。維新の会に対する人びとの評価は、当然、政策ごとに異なることが予見される。これまで民意に関する分析は、主に支持政党や選挙行動との関係から語られることが多く、個別の政策ごとの経済的社会的影響を勘案した分析は充分なされてこなかった。あるいは、富裕層や貧困層、若者など、特定の階層が維新を支持しているという言説も多かった。

政策に関しては、大阪維新の会の顧問の立場にある研究者や政治家本人がその成果を喧伝するものか、いわゆる新自由主義批判の文脈から、維新の会を徹頭徹尾批判するもののいずれかに二極化している。政策に対する喧伝や批判は、イデオロギー性を帯びた議論になりがちである。大阪維新の会をめぐる従来の政策分析において語られてこなかったのは、冷静に政策の内容を分析し、さらに各政策が誰からどのような支持を得ているのかを明らかにすることである。

十年以上にわたって、大阪という根拠地を舞台に、既存政党とは一線を画して躍進した新政党が扱う政策は多様である。市民はそれぞれの政策に対してどのような態度を示し、何を評価し、何を評価しなかったのか。本書の目的は、大阪維新の会が推進する個別の政策と大阪の人びとの評価との関係を明らかにすることである。

そのため、本書では特に維新の会の政策の財政分析に主眼をおく。大阪維新の会が行ってきた政策の財政的分析こそ、これまでの研究で十分扱われてこなかった内容であり、維新の会の政策の「強み」と根源的「弱点」の両面を明らかにするためのカギだからである。彼らが行った財政政策については、特に第四章で重点的に扱うが、ここではポイントのみを指摘しておこう。

維新の会は、公務員や外郭団体、教育組織や住民組織といった既存の中間組織（特定の目的を共有する人びとの集合体）に対する財政（税金を使って人びとの共同の目的を達成する機能）が、一般市民の利益と乖離していることを、くり返し主張してきた。こうした中間組織を、市民の利益ではなく自己の利益を最大化する既得権益層だと攻撃するのである。そして、これら一部の既得権益層への予算配分を解体し、それをできるだけ多数の人に頭割りで資源を配り直す。本書では、こうした現象を試みに「財政ポピュリズム」と呼ぶこととしたい。

財政ポピュリズムは、それまで財政の恩恵を感じられなかった人びとに対して資源を配り、幅広い支持を得る政治スタイルである。一方で、財源には限りがある。限られた資源を、増税を行わずに頭割りで配るためには、それまで他の領域に充てられていた資源を削り取っていくしかない。不必要な財政支出を減らすのであれば問題はないが、例えば削減される領域がマイノリティにとって必要不可欠なサービスであれば、彼らが困ることになる。

財政ポピュリズムは多数の要望の充足に合理的に作用するので、選挙ではこの政策を推進する勢力を有利にする。多数のニーズを満たす財政ポピュリズムは、人びとにとってもそれを用いる政党にとっても、一見合理的な選択肢に映る。しかし、財政というものの本質的な役割を考えると、この最大の武器は、最大の弱点に転じてしまうのである。

財政ポピュリズムは維新の会にとって、既得権益批判、「身を切る改革」という名のもとで削った原資を、所得制限を設けることなく個々人に配り直すことで、多数の支持を調達する強力な武器である。しかし、財政とはそもそも、個人の利益を超えて集団の必要を満たすために存在する。そして、個人の利益を超えて集団の利益を追求するには、個々人の合理性ではなく、集団で共有できる価値観に基づいて財政を運営しなくてはならない。

政党は、この価値観を共有するための装置だといえるが、維新の会は集団の価値観でなく個人の利益に訴えかけることで力を蓄えてきた。つまり、維新の会は政党による価値共有の機能を否定する戦略によって、強力な支持を得ているといえる。一方、政党本来の役割である価値の共有による財政（集団の経済行為）については、必ずしも十分な支持を得ていないのである。この矛盾こそ、維新の会が選挙においては極めて強力な支持を得る反面で、都構想や万博といった巨大な「価値」を実現する局面で必ずしも支持を調達できていないという現象を説明する、導きの糸なのである。

筆者は、二〇一四年に大阪の職場に赴任するまで、関西で暮らしたことはなかった。赴任後に実感したのは、大阪維新の会の選挙における圧倒的な強さである。結党したばかりの若い政党が、なぜこれほどまで急速に支持を伸ばしたのか。その支持を後ろ盾に推進された政策は、これまでの政党とどう違うのか。一研究者として、維新の会に興味を持つのはそれほど不思議なことではなかった。

ところが、東京の研究会などで大阪維新の会の財政運営などについて話をしても、研究者たちの興味を引くことは少なかった。近畿圏外の人びとにとって、少なくともコロナ禍前には、維新の会は大阪という遠く離れた場所のよくわからない現象という印象しか持たれなかったようである。

仮に維新の会が、大阪に固有の価値観に縛られた一地域政党にすぎないとしたら、これほど長期的かつ広範囲にわたって政治的な影響をもたらすとは考えづらい。一方で、大阪という都市に固有の地域性を考えることなしに、維新を理解することができないのも事実である。

本書では、これまで大阪特有の現象と考えられてきた維新の会に政策論からアプローチすることで、むしろ現代日本社会における財政と民意にかかわる根本的な問題について考察を進めていく。財政ポピュリズムは、けっして大阪に特殊な現象ではない。それは、財政という集団の経済行為から人びとの関心や意思決定の機会が失われる中で起こった、極めて今日的な現象なのだということを明らかにしたい。

これは、大阪維新の会という現象を入口に、現代日本の財政や社会経済のあり方を問いなおしていく作業ともいえる。本書を通じて、維新の会にかぎらず現代日本の都市政治や都市財政に関心をもつ読者に、新たな理解の補助線を提示することができれば、政策論を扱う研究者である筆者にとって望外の喜びである。

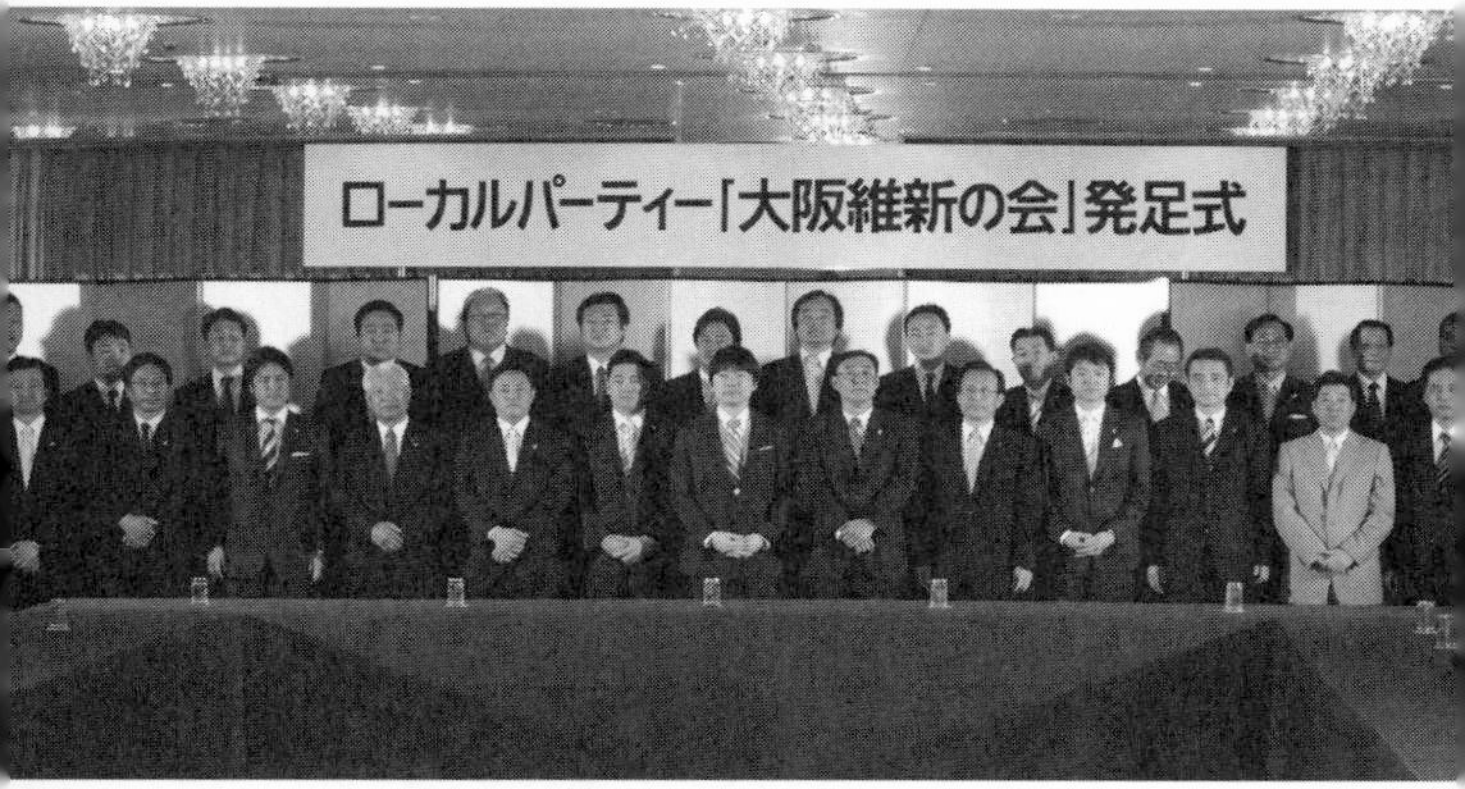

第一章

大阪維新の会とはどんな政党か
――「定説」の再検討

大阪府の橋下知事が設立した「ローカルパーティー「大阪維新の会」」の設立総会で記念撮影に納まる府議ら。2010年4月19日午後、大阪市内のホテル（肩書は撮影時点のもの、提供=共同通信社）

†財政は政策の駆動力

大阪維新の会は結党して間もない政党でありながら、十数年の間に大阪および近畿圏で急速に影響力を増してきた。大阪維新の会の大阪関西地域での支持の広がりについて、政治家、学者、政治記者やジャーナリストによってさまざまな見解が示されている。例えば、大阪維新の会結党当初の時期の分析では、イギリスのEU離脱（ブレクジット）やアメリカのトランプ現象、欧州各国のポピュリズム政党躍進の背景と重ねる言説が散見された。

一方、まったく異なる見解が示されることもある。政治学者の冨田宏治によれば、大阪都構想の問題を取り扱う市民活動のなかで、維新のコアな支持層は「エリート男性」だとされた(1)。維新に関する政治的支持について最も分厚い分析を行っている政治学者の善教将大《ぜんきようまさひろ》は、初期の分析で維新の支持が高所得者に若干偏っているとしつつも、近年の研究では所得階層と明確な関係が見えにくいとしている(2)。また、同じく政治学者の坂本治也《さかもとはるや》は、独自の世論調査の結果をもとに、維新が経済的弱者の味方として有権者に認識されていることを指摘している(3)。

これら維新の評価をめぐって百出する議論の中で、大きく分析が不足している分野がある。それが維新の財政政策である。

財政を分析するということは、大阪維新の会が限られた予算を何に、誰に使ったのかを明らかにすることである。維新は、既存の政党基盤に吸収されてこなかった人びとの声を汲み取ってきたとされる。しかし、十数年にわたって支持を拡大してきた背景を、地域性や政治的な「雰囲気」だけから説明することには無理を感じる。これほど波及力のある政党が、何らの政策的成果もなく党勢を拡大させることは考えられないからだ。

財政は政策の駆動力である。いかなる政策も、実際に人、モノ、カネの三つを使って実施しなければその効力を発揮できない。そして、政策を実行するための人、モノ、カネは、財政を通じてのみ供給される。経済学の泰斗であるヨーゼフ・シュムペーターは著書『租税国家の危機』で、オーストリアの財政史家R・ゴルトシャイトの言葉として、予算またその財政の歴史的運営が、国家や政府の「あらゆる粉飾的イデオロギーを脱ぎすてた骨格」であると解説している。そして、財政は人びとの歴史一般の本質を映し出す鏡なのだと強調する。(4)

ゴルトシャイトのこの言葉は、財政現象こそが、もっとも端的に政党や政治プロセスの性格を表す本質なのだという指摘に他ならない。本書は、この言葉を導きの糸として、財政という「実態」から大阪維新の会を分析することで、「イデオロギー的粉飾をはぎとった」維新の政策の本質的性格を明らかにしていきたい。さらに、維新が財政を通じて実際に行ったことから、逆に彼らのイデオロギーの実態を明らかにしていこう。

本章では、この分析の入口として、各章の要点をまとめていく。はじめに、大阪維新の会が大阪関西地域においてどの程度支持を広げているのかを、選挙結果のデータを用いて量的に可視化する。続いて、大阪維新の会をめぐる三つの「定説」を検討し、本書における議論の骨子を示すこととしたい。

†維新支持は大阪・関西でどのように広がったか

大阪維新の会は、二〇一〇年に当時大阪府知事であった橋下徹《はしもととおる》と大阪府府議会議員であった松井一郎が、府議会の自民党会派の一部とともに会派離脱をして立ち上げた地域政党であった。既存政党のしがらみを断ち切って、型破りなタレント弁護士議員が中心となり注目を集める政党となった。

大阪や関西で生活するものにとって、結党以降、維新の会の政治的波及力の強さを感じない選挙は少ないと言ってよいだろう。大阪府知事選や大阪市長選だけでなく、政令市で

図1-1　大阪市議会選挙における各区の大阪維新の会の得票率

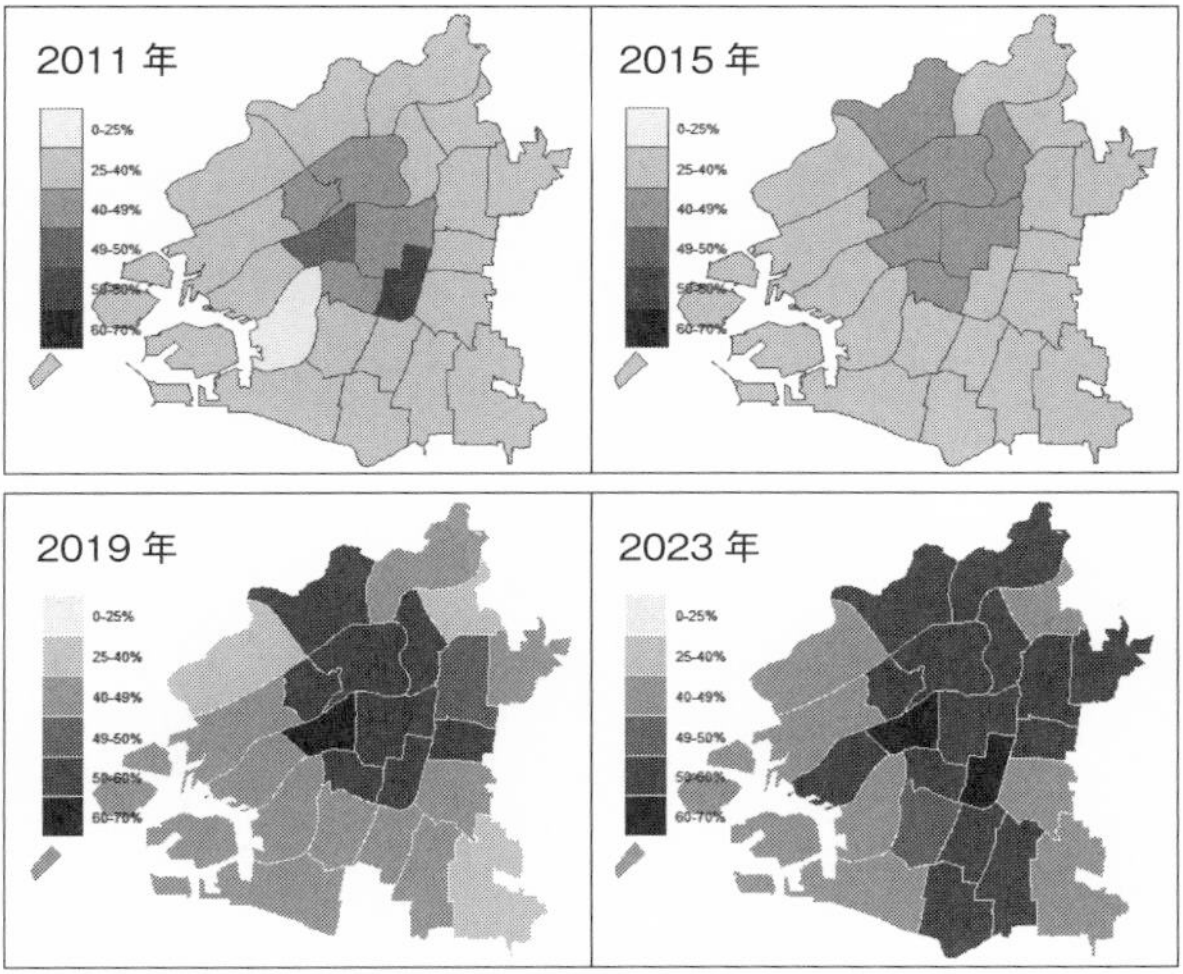

出典：大阪市ホームページ「市議会議員選挙」（https://www.city.osaka.lg.jp/senkyo/page/0000001373.html）および国土交通省国土数値情報サービス『行政区域データ：大阪』（https://nlftp.mlit.go.jp/ksj/gml/datalist/KsjTmplt-N03-v3_1.html）より筆者作成。

ある堺市を筆頭に大阪府内の首長選挙でも、維新の候補が勝利するケースは急速に増えている。

二〇二二年以降でも、大阪府内の三つの首長選挙で維新候補が当選しており、二三年九月時点では大阪府四三市町村において維新の会所属の首長は二〇に上る。

二〇二三年統一地方選挙後には、大阪府議会七九議席に占める大阪維新の会所属議員の数は五五となり、前回の四六から九議席を積み増した。

一方で、自民党は同数の九議席を減らし、一六から七議席と半分以下になった。

二〇一九年の時点でも、大阪府議会選挙における大阪維新の会とそれ以外のすべての得票の割合は五一（一五三万三三六票）対四九（一四八万七〇一二票）で、維新の得票数は過半数をわずかに上回った。二〇二三年には五八（一五八万八七四票）対四二（一一三万五六八四票）となり、維新は得票数、得票率のいずれにおいても、その数字を伸ばした。

二〇二三年の府議会選で選挙のあった四二の選挙区では、三七選挙区で維新の会の得票数がそれ以外のすべての政党および無所属を上回っている。維新の得票が過半数に届かなかったのは、池田市、茨木市、高槻《たかつき》市および三島郡、箕面《みのお》市および豊能《とよの》郡、河内《かわち》長野《ながの》市の五選挙区のみであった。高槻市は、二〇二三年に行われた市長選挙でも、無所属現職が維新の候補を大きく突き放して破っており、大阪府内では特筆すべき地域といえる。

大阪府議会では、二〇一九年の時点ですでに議席の過半数を占めていた大阪維新の会であるが、二三年には大阪市議会でも単独過半数を獲得するにいたった。大阪維新の会の結党以来、大阪市議会の複数選挙区にまたがる選挙は四回行われているが、二〇一一年と一五年の選挙では、維新の会の支持は大阪市の中心部の区において高いという特徴があった。

顕著な変化があったのは二〇二三年で、それまで維新の会が過半数を獲得できていなかった大阪市南部および北東部に支持の広がりが見られた。また、それ以外の地域でも徐々に維新の得票率が上昇しており、同年の大阪市議会選挙で維新の得票率が四〇%を下回っている区は一つもない。

二〇一一年、一五年選挙では大阪市内でも相対的に所得水準の低い南部の区では、維新支持が低い傾向にあった。都構想選挙でもこの特徴が現れており、相対的に高所得層が多く住む地域では都構想賛成が多く、その逆は反対が多いという傾向が見られた。しかし、大阪府議会、市議会の近年の選挙結果は、それまで維新支持が低かった地域でも維新を支持する人びとが増加している事実を顕わにしている。地理的、階層的な偏りを超えて、大阪維新の会への支持が広がっているといえるだろう。

†維新支持者は「特殊な人びと」か

では、大阪維新の会を支持するのはどのような人びとなのか。過去の報道等で語られたように、それは低所得層の若者の既存政治への反発によるのか、あるいは高所得層のマチズモ（男性マッチョ主義）なのか。それとも維新はより幅広い支持を獲得しているのだろうか。

大阪で維新の会が極めて強いのは、地方議員選挙だけでなく国政選挙の結果を見ても一目瞭然である。地理的な特徴をみると、従来の自民党支持の一部は、明らかに国政政党である日本維新の会への支持に変化しつつある。

二〇二一年に行われた衆議院議員選挙でも、大阪の選挙区では公明党が候補者を立てた区を除いて、日本維新の会に所属する議員がすべての小選挙区で当選しており、大阪における地場的な強さを見せつけた。

このような選挙結果のためか、大阪の有権者はしばしば、特殊な選好をもっていると思われることがあるようだ。大阪の地盤沈下や東京への対抗心が、維新の会への支持を後押ししており、大阪の有権者は他の地域の人と比べて異なった考え方を持っているとする主張を目にする機会は少なくない。実際、善教の研究でも、大阪府内の維新支持の背景には、維新の「地域代表」としての側面が強いことが指摘されている(5)。

大阪における維新支持が、全国と比較しても高いことは本書の調査などからも明らかである。しかし、大阪の有権者は本当に特殊な考えを持つ人びとなのだろうか。それならば、日本維新の会に所属する地方議員が関西以外の地域でも増加しつつあるのはなぜなのか。

本書では、維新支持の構造と、政策評価を分析するため、クラウドソーシングを通じて独自のアンケート調査を行った。二〇二四年五月上旬に行った大阪府の住民（一〇〇〇人）と大阪を除く四六都道府県の住民（一〇〇〇人）への調査の比較から、大阪における維新支持の特殊性や維新の政策に対する評価の度合いを明らかにする。

インターネット調査は、回答において一定のバイアスが生じることが知られている。[6] そのためここでは、大阪と大阪を除く全国、二つの独立した調査を比較することで、大阪における「特殊性」の有無を検証したい。

さしあたり、回答者を大阪府に限った調査だけを取り出してみても、いくつかの興味深い結果が得られた。例えば、維新の会は高所得層に好まれる政党である、いや、低所得層に支持される政党であるという「思い込み」は、いずれも実態と異なる。

アンケート調査で得られた一〇〇〇件の回答を、日本の所得五分位に概ね相当する基準で分割してグループ化した。質問では、「日本維新の会（大阪維新の会を含む）に対する好感度」を五つの段階で質問しており、所得区分ごとに好感度の平均値を算出した。

ひとまずここでは得られた結論だけを述べておく（第三章で詳述）。これによれば、維新の会に対して特定の所得階層が高い評価を示しているという事実は、調査結果からは確認できなかった。また、改革政党である維新は若者によって支持されているようなイメージを持たれるが、大阪府内では三〇代以下の若者よりも、むしろ六〇代以上の高齢者層からの方が好感度が高い。

このアンケート調査を用いた分析は、第三章においてあらためて展開する。ここで、特に明らかにしておきたいのは、大阪における維新支持が特殊な現象なのではないかという仮説の検証、すなわち大阪における維新の支持構造の特徴である。

第三章ではさらに、大阪に対する報道や世論の評価に対して、データを通じてその是非を明らかにしていく。例えば、大阪における万博、カジノを含む統合型リゾート施設（IR）、コロナ対策や都構想といった個別の政策について、大阪府民はどのように評価しているのか。あるいは、大阪の社会経済の変化に対してどのような考えを持っているのか。こうした問いをめぐって、維新支持・非支持ごとのグループに分けて、グループ間の統計的な差から検討することにしたい。

維新の会が推進する政策と大阪の人びとの選好は、どのように重なっているのか、それとも乖離しているのか――この点をみることは、維新の個別政策への評価と大阪府民の合理的な選択とが、どのように結びついているのかを明らかにする手がかりを提供してくれるだろう。

†維新の会は「小さな政府」か

維新の会をめぐっては、政府による経済活動への介入をできるだけ小さくすべきだとする、いわゆる新自由主義を政策論の中心に掲げていることが、しばしば指摘される。維新の会の立ち上げに関わり、現在、日本維新の会所属の参議院議員である浅田均《あさだひとし》も、インタビューの中で、維新の会において目指すべき政策の内容を「小さな政府」だと語っている(7)。

公務員組織や既存政党による税金の無駄遣い批判を、結党当初から議論の軸に据える維新の会が、新自由主義的な思想に則った政策を推進しているという言説がみられるのは、ある意味で当然といえる。しかし、事実はどうであろうか。

例えば、新自由主義を掲げた政権として知られるアメリカのロナルド・レーガン政権(一九八一~八九年)では、それ以前の民主党政権における社会福祉拡張政策に対抗して、政府規模の縮小、経済活動への政府介入の削減がうたわれた。レーガンは最も象徴的な「小さな政府」論者といえるが、ではレーガン政権は財政規模を縮小したのであろうか。統計的にいえば、それは間違いである。たしかに連邦政府の社会保障費などは縮小されたが、むしろ防衛費の増加などから、政府歳出の規模を思ったように縮めることには失敗したのである。その結果、多額の財政赤字を生み出し、有名な「双子の赤字」が生じた。

実は、大阪における維新の会の財政運営の実態も、レーガン政権と同様に、必ずしも小さな政府とはなっていない。第四章では、実際の大阪維新の会の財政運営においては相対的な規模で見ても財政支出が縮小しなかったことを、大阪市の財政データから明らかにする。ここでは維新の会が大阪市財政を通じて何を行い、その結果が維新の政策方針とどのように関係したのか、あるいは掲げた看板の内容通りにはなっていないのか、その要点のみを明らかにしておきたい。

端的にいえば、大阪市の財政規模は他の政令市と比較して、大阪維新の会が第一党となる以前も以後も、一貫して「大きな政府」であった。本書では、大阪市の財政規模を相対的に把握するため、偏差値という指標を用いて分析を行った（偏差値という指標やその算出方法については第四章で詳述）。偏差値を見ると、大阪市の一人あたり財政の相対的規模は、維新の会の躍進前後で大きく変化していない。しかし、その歳出の内訳は大きく変化した。特徴的なのは人件費の大幅な減少である。過去には全国の政令市の中で最も高い偏差値であった大阪市の人件費水準は、維新の会の首長就任以降、大幅に削減されている。

その一方で、政府歳出の規模が大きく変わらないのは、それ以外に膨張している予算があるからである。例えば、コロナ禍前までの大阪市財政では、他の都市に比べて地方債の返済を急いだことが、歳出統計からも明らかである（第四章で詳述）。同時に、生活保護を中心とした社会保障費の水準を下げることは容易でなかった。財政規模だけを見るならば、大阪維新の会が小さな政府や新自由主義を指向するという指摘は、実態を反映していない。

実際、いわゆる「身の丈経営」に近い均衡財政主義的な傾向を持つ財政運営の一方で、私立高校の授業料無償化や給食費補助の所得制限の撤廃など、歳出拡大傾向のある政策を推進するのが維新の特徴である。均衡財政主義による財政赤字の削減、増税の回避、教育費などへの傾斜的配分は、とりわけ人びとから選好される政策であり、維新支持を読み解く重要なカギとなる（第三章で詳述）。

強固な支持母体を持たない維新の会は、有権者の選好を鏡に映し出すように政策内容に反映させせようとする。それは、本書のキーワードである財政ポピュリズムとも関連している。こうした財政運営は維新の極めて重要な政策ツールとなる。

一方で、コロナ禍以後の大阪市財政の傾向は、維新の会の訴求力に対してアキレス腱ともなりかねないものだ。「身を切る改革」という錦《にしき》の御旗《みはた》を掲げ、コロナ禍前までの大阪市財政には、均衡財政主義および歳出拡大に抑制的な特徴を読み取ることができた。ところがコロナ禍以後、万博開催に向けた沿岸部の人工島・夢洲開発や、その後のＩＲ開発にともなう建設費・事業費の増額が深刻化している。

維新に対して好意的な回答をしている大阪府民も、この沿岸開発に対しては相対的に厳しい評価を下している。万博のような巨大プロジェクトは、本来、財政という共同負担によってしか実現しえない。しかし、共同で負担し合い、共同の利益を実現するという本来の財政のありかたを解体して、原資を広く配分し直すという、財政ポピュリズムを政策ツールとする維新にとって、巨大プロジェクトへの支持を取り付けることは困難になりつつある。この点は、第三章から第五章までの検討を踏まえて、終章であらためて議論することにしよう。

†「維新は大阪を豊かにした」は本当か

二〇一九年四月の統一地方選挙では、大阪維新の会から「大阪の成長を止めるな」というスローガンがくり返し聞かれた。維新の会は「成長」の挙証として、大阪への外国人観光客の増加や、大阪府市の税収増を引き合いに出してきた。

第五章では、大阪維新の会が口にする「大阪の成長」が本当に実現したのかを、いくつかのデータを用いて分析する。そこから見えてくるのは、大阪全体の底上げというよりも、一部の地域や事業に偏った「成長」の姿である。

まず、「大阪の成長」として引き合いに出される税収増に関して、大阪府の人口一人あたり税収を偏差値を用いて比較した。その結果を端的に述べれば、大阪府の一人あたり税収は、維新が第一党となる以前も以後も、ほぼ横ばいで推移している。税収の増減と対応するように、地域のGDP（総生産）を表す一人あたり県民所得や一人あたり雇用者報酬も、ほとんど横ばいであった。成長の果実が全体に配分されることで、域内経済が成長し、それが税収に反映されるという事実は、少なくともこうしたデータから読み取ることはできない。

では、維新の会が語る「大阪の成長」は幻なのであろうか。大阪において、顕著に数字が上昇した項目もある。それが、外国人観光客数と商業地の公示地価である。この二項目は二〇一一年以降、つまり大阪維新の会が第一党となってから、全国平均に対して明らかに高い成長を見せるようになる。外国人観光客数の増加は大阪の百貨店に、関西圏の他地域よりも大きな売上をもたらしている。また、商業地の公示地価は一時、東京都よりも高い上昇率を見せた。

しかし、成長の果実は必ずしも大阪全体に行き渡ったわけではない。商業地の公示地価が顕著な上昇を見せた一方で、全用途地価は全国平均と比較しても大きく上昇しているとはいえなかった。都心部の商業地地価の上昇の反面で、周辺の住宅地、例えば大阪市南部地域などでは地価はむしろ下落している。

「大阪の成長」が二極化しているとすれば、本来の財政は、地域間の経済的不均衡を是正するような施策を講じて社会の構成員が共同で受け取れる利益を実現しなくてはならない。そして、そうした共同利益の実現のため、財政だけが税という共同負担を強いる力を持っている。しかし、財政という共同の財を個人の利益に解体する財政ポピュリズムは、共同利益が実現するような財政運営によって、逆説的に有権者からの支持を失う両刃の剣となってしまう。

大阪の経済成長の実像と、そこから見える財政ポピュリズムの政策論上の矛盾については、第五章での各データの検証を通じて、あらためて詳細に考えてみることにしたい。

†本書の構成

以上、大阪維新の会をめぐる定説を通じて、①維新支持者は「特殊な人びと」なのか、

②維新の会は「小さな政府」なのか、③「維新は大阪を豊かにした」は本当か、という三つの問いを提示し、その要点をまとめてきた。これらの論点を具体的に検証すべく、本書は以下の構成で議論を展開していく。

第二章では、三つの論点の検証に入る前に、まず大阪維新の会が結党された二〇一〇年以降の主要政策の論点を、足早に振り返る。特に、その是非をめぐって府内の意見を二分した大阪都構想や、公務員組織改革、教育改革、医療制度改革などが、いかなる目的のもと、どのように推進されてきたかを考えておきたい。

第三章では、①維新支持者は「特殊な人びと」なのか、という論点について、大阪維新の会への支持や、維新が推進する個別の政策に対する人びとの評価を、クラウドソーシングによるアンケート調査の結果から分析する。維新支持者が「特殊な人びと」だという定説を、データに基づいて検証したい。維新が推進する政策への評価を、維新支持者と非支持者の間で比較することから、維新支持者が無条件に維新の政策を支持しているわけではないということが明らかになるだろう。

第四章では、②維新の会は「小さな政府」なのか、という論点について、大阪維新の会が政府部門を削ったという定説を、財政データから検証する。維新の会が大阪市の財政運営を行うようになった後も、大阪市の財政規模は他都市と比較して極めて大きいままであった。しかし、その内訳は変化している。その内実を検討することから、維新の会による均衡財政主義や普遍主義的な配分がもたらす財政ポピュリズムの正体を考えたい。

第五章では、③「維新は大阪を豊かにした」は本当か、という論点について、大阪府の税収、一人あたりGDP、外国人客数、公示地価上昇率といったデータの分析を通じて、維新が喧伝する「大阪の成長」の実態を検証する。観光業や商業地の公示地価という指標からは、大阪の目覚ましい成長が認められるが、これが税収や府全体の経済の底上げに必ずしも結びついていないということを、データから実証してみたい。

第六章では最後に、各章の財政分析を通じて明らかとなる、維新支持の背景にある財政ポピュリズムという現象について考える。維新の推進する主要政策が、多数派の自己利益に直接響く内容であること、これらの政策が高く評価されていることの意味を考察し、一方でこうした政治が持つ大きな弱点について指摘したい。

アンケート調査、財政分析、経済データなど複数の統計データと分析手法を組み合わせて、大阪維新の会の財政の内実を検証し、そこから現代の大阪の、ひいては日本社会の構造やその矛盾を解き明かしていくことにしよう。

第二章
主要政策を読みとく

街頭演説で支持を訴える吉村洋文氏(中央)。左は大阪府知事選に立候補している松井一郎氏、右は橋下徹大阪市長。2015年11月8日、大阪市北区(肩書はいずれも撮影時点のもの。提供=共同通信社)

†主要政策をふりかえる

本章では、大阪維新の会がこれまでに推進してきた主要政策の要点を確認する。維新の会が発足した二〇一〇年以降の、大阪府市におけるすべての政策を振り返ることは難しい。そのため、ここでは、続く各章の内容である維新支持の構造（第三章）、財政分析（第四章）、経済開発の成果に関する分析（第五章）と関連する政策に焦点を絞り、その要点を確認することにしたい。

具体的には、かつての看板政策であり、大阪維新の会が二度の住民投票を通じて大阪の世論を文字通り二分した大阪都構想や、大阪府市において行われた公務員組織改革、教育改革、コロナ対策（いわゆる「大阪モデル」）、そして近年物議を醸す二〇二五年大阪・関西万博とカジノを含む統合型リゾート施設（ＩＲ）事業を取り上げる。

†大阪都構想の背景

まず、大阪維新の会結党のきっかけでもあった看板政策である大阪都構想（以下、都構想）について、その要点と、一度目の住民投票の否決理由について整理しておきたい。少し古い発言であるが、二〇一二年一月三日に当時の橋下徹市長がSNSに投稿した内容を引用しよう。

もうね、国政がやっているようなチマチマしたつぎはぎだらけの制度改善では国は持ちません。グレートリセットです。一から作り直すしかない。そのためにも道州制を目標にして、何から何まで一から作り直しましょう。次の総選挙の争点は道州制しかありません。そのきっかけ作りが大阪都構想です。（X（旧ツイッター）二〇一二年一月三日、橋下徹の投稿より）

橋下はしばしばこの「グレートリセット」という言葉を用いて、地方行政の変革の必要性を唱えてきた。ただし、都構想以前にも、大阪を中心とした地方行財政改革のプランはくり返し議論されてきた。

都構想の基本案に近いものは、一九九九年から二〇〇〇年に当時の大阪府知事であった太田房江《おおたふさえ》と、大阪市長であった磯村隆文《いそむらたかふみ》との間で交わされた「大阪新都市構想」と「スーパー政令市」の中に見出すことができる。この二つの提案は、大阪府が大阪市の機能を吸収する大阪府案と、大阪市が大阪府から独立し都道府県の行政権限を市に移管する点で異なっていたが、大阪市を核とする新しい行政機構を創るという点では共通していた。例えば、磯村の提案である「スーパー政令市」は、新しい大阪市を道州制施行時の関西州の州都とすることを見越していた。この点からも、磯村の提案は、橋下や大阪維新の会が考えていた大阪都構想と共通点を有していた(1)。

大阪維新の会による都構想は、大阪府知事時代の橋下徹が二〇一〇年の公明党大阪府本部の新春互礼会で語った「グレーター大阪」に関する発言が始まりだとされる。ただし、当時の発言内容は、その後の住民投票で議論された大阪市の再編、大阪府の拡充と異なり、堺市や大阪市周辺の自治体を大阪市と統合し二〇の区に再編する提案であった(2)。

大阪都構想は、その後、橋下府知事と大阪市長の平松邦夫《ひらまつくにお》との間で協議されるも、調整は不調に終わる。これに対して、二〇一一年春の統一地方選挙、秋の大阪市長選挙において、都構想推進を旗印に大阪維新の会が躍進を果たす。国政への影響も強まる中で、二〇一二年八月二九日には、国会で「大都市地域における特別区の設置に関する法律」が成立し、大阪都構想の法律上の根拠が整うようになる。しかし、大阪市議会において維新以外の政党がすべて反対に回ることで、都構想に関する議論は停滞する。この後、国政を巻き込んで複雑な政治的駆け引きが繰り広げられた結果、二〇一四年一二月三〇日の法定協議会において、公明党が維新に協力する形で、大阪市を五つの特別区に再編する大阪都構想の原案が可決される。

†一度目の住民投票

二〇一五年一月一三日に第二一回法定協議会が開催され協定書がまとめられると、同年三月一三日に大阪市議会で、三月一七日に大阪府議会で維新、公明の賛成で協定書が議会を通過することとなる。この時点で提起された大阪都構想は、次のような内容であった(3)。

①大阪市を五つの特別区に再編することで、行政コストの削減を計る。
②区議会議員の総数を従来の大阪市議会議員数と均衡させる。
③新たに設置される特別区の権限を中核市(概ね人口三〇万人の都市)並みに想定する。
④旧市を対象とした複数の事務を五区間で請け負う一部事務組合を設置し運営する。

維新の会の説明によれば、大阪都構想は、大阪市本庁舎に集約される権限を五つの特別区に分権化し、住民に身近な行財政を実現するものとされた。同時に、大阪府と大阪市の間での業務における二重行政が解消され、効率的な行財政運営が可能になるとされた。ただし、この費用面のメリットについては、特別区への再編時に生じる移行コストが、都構想実現時のコスト削減効果を上回るとの批判もなされた。(4)

強い反発を買いながらも、維新、公明の賛成による議案の通過をもって、大阪市選挙管理委員会は大阪都構想の住民投票を二〇一五年四月二七日公示、五月一七日投開票日とした。五月一七日の住民投票では、賛成が六九万四八四四票、反対が七〇万五五八五票と反対票がわずかに上回り、提案は否決された。

この結果に対しては、さまざまな論者から見解が示された。大阪維新の会の関係者の一部は、都構想に関する「デマ情報」が否決の原因の一つであったと主張した。(5) 当時、大阪府知事であった松井一郎は自身の回顧録において、二〇一四年九月に自民党大阪府連が提出した「大阪戦略調整会議」が、都構想による二重行政の解消という論点を曖昧にしたことが否決に影響したと振り返っている。(6)

政治学者の善教将大は、大阪維新の会の支持構造に関する分析を通じて、大阪維新の会が根強い支持を得ているにもかかわらず、都構想が否決された理由を、維新の会支持者の一部が複雑な情報の中で批判的志向性を備えていた結果だと総括した(7)。

いずれにせよ、大阪維新の会の結党以来の看板政策ともいえる大阪都構想の一度目の住民投票は否決され、橋下徹は同年一一月をもって政界を引退することとなった。

†都構想へ二度目の挑戦

住民投票が否決され、橋下が政界を引退したため、大阪都構想の看板は下ろされたかに見えた。しかし、二〇一五年の住民投票後に、自民党が設置を主導し、二重行政解消の機能を期待された「大阪戦略調整会議」は政党間対立の結果不調に終わる。維新の会は、二重行政の解消のためには大阪都構想が必要であると、再び都構想の住民投票を企図する。

二〇一五年一一月の大阪府市首長の二度目のダブル選挙で、松井一郎は大阪府知事の再選を目指し、当時衆議院議員だった日本維新の会の吉村洋文《よしむらひろふみ》が橋下徹の後継として市長選挙に立候補した。結果は、両名が他の候補者に圧倒的票差をつけて当選した。このダブル選挙の結果を弾みに、維新の会は都構想の是非を問う住民投票を再び準備するようになる。

都構想をめぐって再び法定協議会が設置されることになるが、依然として大阪市議会で過半数の賛成を得られない中で、二度目の住民投票の実現には他党の協力が不可欠であった。ここでも、複雑な政治的駆け引きが生じる。公明党が大阪維新の会と結んだとされる「密約」が、松井府知事の記者会見の場で記者に回付されるなど状況は混乱を深めていく。

こうした中で、二〇一九年四月に行われる統一地方選挙に合わせて、都構想に関する再度の住民投票実施を争点にして、大阪府知事と大阪市長選挙を七カ月先取りして行う案が浮上する。その際、松井と吉村はそれぞれ府知事と市長の選挙に出るのでなく、それぞれの立場を交代して選挙に出馬するという、いわゆる「クロス選挙」が行われた。仮に任期満了前に首長を辞して再選されても、任期はそれ以前の当選期間に限定される。再び四年の任期を得るためには、クロス選挙という異例の対応が必要とされたのである。

政党利益を全面化したクロス選挙は批判も浴びたが、結果は地方議会を含め維新の圧勝に終わる。この結果に公明党が譲歩し、大阪都構想をめぐる二度目の住民投票が二〇二〇年一一月一日に行われることとなった。

†二度目の住民投票とその否決

二度目の住民投票に向けて、都構想の内容には若干の変更が加えられている。最大の変更点は、再編される区の数を五から四に減じたことである。これによって、区の間で生じる人口や財源等の偏在が縮小した。再編区の区庁舎の新設をやめ、移行コストが六〇〇億円から二四一億円に縮小するとともに、特別区の財政の安定化を図るため、府から一〇年間、毎年二〇億円の調整資金の配分を行うことなどが盛り込まれた。

コロナ禍での投票ということで、当初、大阪都構想の住民投票には批判も少なくなかった。しかし、大阪におけるコロナ対策は、吉村知事のもとで行われたいわゆる「大阪モデル」が支持され、むしろ維新にとって追い風となっていく。

直前の衆議院選挙でも躍進した維新の勢いから、ついに都構想賛成が多数派となるかと思われたが、住民投票の結果は賛成六七万五八二九票、反対六九万二九九六票となり再び僅差で否決された。この結果を、松井一郎自身は、「ある意味納得できる結果」と総括している。松井は否決の背景に、維新の会が成立し、府と市の行政運営に関わって一〇年が経過する中、二つの行政組織を統合しなくても二重行政の解消が進んだことに対する住民の評価を読み取ったのである(8)。

この松井の評価につながる点で、二度目の都構想の住民投票の選挙分析を行った善教が興味深い分析を加えている。善教は否決の理由について、有権者が都構想のメリットを十分に実感できなかったことを挙げている(9)。都構想への期待に比して、「現状の府市連携に対する人びとの満足感」が上回ったことが、皮肉にも都構想を否決させたといえるかもしれない。

都構想の二度目の否決により、松井一郎も任期満了をもって政界を引退する決意を表明する。以上の流れから、大阪都構想はいったん白紙になる。ただし、この結果は必ずしも維新の会への支持が薄れたことを示すわけではなかった。その後の選挙でも、むしろ維新の勢いが増しているのは、序章で指摘したとおりである。また、都構想の検討も完全に撤回されたわけではなく、大阪府市には依然、大阪副首都ビジョンを推進する副首都推進局が存在し、引き続き行政機構改革が議論されている。

維新の会のマニフェストから消えてはいるものの、都構想に関する三度目の住民投票は統一地方選挙や国政選挙のたびに取り沙汰される。二重行政の解消や、行財政システムの大規模な改革自体が、維新の会の政策方針から完全に消えたわけではないのは、彼らが主張する「身を切る改革」や成長戦略のためには、財政や行政システムに対する目に見える成果を必要とするからでもある。その実態がどのようなものであったかについては、第四章においてあらためて、大阪市財政を分析する中で明らかにしていくことにしよう。

†公務員制度改革の思惑

大阪維新の会の政策を総括した刊行物によれば、大阪府市において初期の六年間で行われた改革のおよそ一割が、公務員制度の改革に関係するものであった[10]。

二〇〇八年の橋下徹の大阪府知事就任以来、公務員制度については種々の改革が進められた。大阪維新の会の政策結果を報告する刊行物では、一連の公務員改革を評して（公務員を）「ふつうの職業に変える」という文言が躍る[11]。公務員制度改革で具体的な見直しの対象となったのは、労使関係、採用試験、人事評価制度、給与決定の仕組みなど多岐にわたる。「ふつうの職業」という言葉に象徴されるように、これらの改革において重視されたのは、一般市民の感覚や民間企業における常識といった論点であった。

公務員改革の基本方針とされたのは、①公務における競争原理の導入、②特に管理職や役職級における外部人材の登用、③政治活動と公務の分離、④透明性の確保の四つであるとされる[12]。

具体的な競争原理の導入として、業績評価においてそれまで取られてきた絶対評価を相対評価に改める方針が示された。相対評価では、特定の業務遂行によって評価されるわけではなく、全体の数パーセントが必然的に最低評価を受けることになる。大阪府における公務員の相対評価制度では、五段階の評価で上位と下位をそれぞれあらかじめ五％と定めている。この相対評価によって、公務員の労働に競争性や採算性という感覚を導入することが目的であったとされる。大阪市では最低評価をつけられ、複数年で改善が見られなかったとされる職員二名が、この制度のもとで免職となっており、組織に緊張が走ったといわれている。

同時に給与制度においても、みなしで上位の等級の給与を当てはめる「わたり」と呼ばれる制度を廃止し、給与体系における号給表も大幅に見直すことで昇級に対するインセンティブ設計の改革が行われた。外部人材登用では、大阪市の区長や学校長の外部人材の公募などが進められた。

透明性の確保においては、技能労務職（ごみ収集や給食調理員等）の給与水準を民間準拠とすることや、手当の見直し、外郭団体への天下りに対する規制等が条例で定められた。政治活動と公務の分離については、特に労働組合による特定の候補者への応援が問題視された。橋下徹は大阪市長に初当選した際の就任挨拶で、この点を強調している。

市役所職員が民意を語ることは許しません。行政的な視点、公務員的な視点からの反論・意見はこれは当然ですが、民意というものを語るのは公選職、選挙で選ばれた者だけだと思っております。もちろん市役所から離れて自宅で民意を語ることは自由ですが、この市役所内で公務員として正式に民意を語ることは許しません。(二〇一一(平成二三)年第四回定例会一二月二八日)

公務と政治活動の分離について、大阪府では、政治的中立性を確保するための組織的活動の制限に関する条例、労使関係における職員団体等との交渉等に関する条例、職員の政治的行為の制限に関する条例の三つが二〇一四年四月に施行されている。

同様に、大阪市でも職員の政治的行為の制限に関する条例、労使関係に関する条例の二つが二〇一二年度に制定されている。

政治行為については、公務員の政治的中立性の遵守が強く求められる内容となっている。また、労使関係においては組合活動への便宜供与を行わないことが明言された。こうした公務員制度に対する大がかりな改革は、当然、公務員組織から強い反発を生じさせることにもなった。

特に、公務員の組合活動そのものへの厳しい対応は、その後の首長と組合組織との対立を引き起こすこととなった。組合活動に関する実名記載でのアンケート調査の命令、市庁舎からの組合事務所の退去措置、同措置に対する団体交渉の拒否、組合費の給与天引き等の組合活動への便宜の廃止などは、市職員組合から不当労働行為として訴えが出され、大阪府労働委員会において組合側の意見が認められるに至った。

このうち、実名記載で行われた組合活動への関与についてのアンケート調査は、回答が義務とされ、思想調査に関連して不当労働行為と同時に違憲行為の疑いも浮上し、大きな物議を醸す結果となった。このアンケートについては、その後、市職員側と大阪市側が違法性を争うこととなる。裁判は二〇一六年に大阪高裁判決に対する大阪市側の上告断念により、市職員側の勝訴によって終結している。

公務員組織に対する種々の批判は、組合活動に対するものだけにとどまらない。公務員人事制度を定めた職員基本条例にもメスが入った。職員組織改革において、橋下府知事から業績評価や公務員業務の採算性について問われた当時の副知事小西禎一《こにしただかず》は、これに疑義を呈したという。すでに公務員組織の改革が進む中で、条例において相対評価等を導入することは組織の士気を下げるとの批判もあったが、行政組織内というよりも政党の旗印と

して職員基本条例が位置づけられたのではないかと回想している。(13)

以上各種の改革は、公務員組織を一種の既得権益層とみなし、その解体を企図する内容でもあった。第三章で述べるように、それは人びとの意識と整合する側面も否定できない。また、公務員制度改革は、実際に財政のあり様を大きく変えることにもなった。この点については、第四章において詳しく論じることにしたい。

†手厚い教育政策

二〇〇八年九月三日の毎日新聞大阪版夕刊には、「橋下・大阪府知事：大阪「教育非常事態」教育委員自ら人選、学テ不振で過熱」という見出しが躍った。文部科学省が実施する「全国的な学力調査（全国学習・学習状況調査）」で、大阪府の平均正答率などの数値が二年連続で全国最下位となったことに対する危機感を、当時の橋下知事が表したものであった。

当時の記事には、橋下が教育委員会に対して教員評価を行うことや、首長が教育委員会へ直接指示を出すことについて賛否が寄せられている。同年九月一七日の朝日新聞では、橋下知事による教育委員会への介入に府内市長から共感や賛同が集まったとの報道もあった。後に二〇一一年の大阪府知事選挙に立候補し、大阪維新の会と対決する立場となった当時の池田市長の倉田薫《くらたかおる》も、このときには「知事は教育内容に介入するつもりはないと言うが、ぜひ教育に介入してほしい」とエールを送っていたとされる(14)。

維新の会の結党は二〇一〇年であるが、それ以前からすでに教育について政治的なイニシアティブを取ることは、大阪において重要なアジェンダとなっていたといえる。

維新の会が行った教育領域の改革は、三つの方針に基づくものとされる(15)。三つの方針とは、①教育現場への支援、②学校レベルの経営改革と競争原理の導入、③教育行政制度の改革である。

①教育現場への支援については、具体的にはIT教育に関わる機材などインフラ整備の充実、英語教育の拡充のため大阪市の各小中学校にネイティブスピーカーを配置する取り組み、同じく大阪市の全小中学校にエアコンを設置するなどの取り組みが挙げられている。また、中学校における給食の選択制をやめ全員喫食制（きっしょく：生命を維持するための摂食にたいして、楽しんで満足して食事をすること）への移行が図られた。大阪市の中学校全学喫食制は、二〇一二年から開始され二〇一四年に全市で導入されることになる。

②学校レベルでの経営改革と競争原理の導入では、具体的に、校長リーダーシップの強

化、学校間での独自の取り組みに基づく競争原理の発揮、高校を中心とした公立私立の選択に関する生徒や保護者の選択肢の確保、これらを主導するために大阪府と大阪市で行われた各種条例の制定が挙げられる。特に、競争原理と保護者や生徒の選択肢の拡張は、消費者主権の視点からの教育改革とも読み取れる。

これらの改革のねらいは、学校に対して、一定の自由裁量予算を与える代わりに、学校間にあった制度的な規制を取り払い、生徒や保護者を顧客に見立てた自由（市場）競争を擬似的に導入することにあったといえる。(16)

例えば、大阪府立学校条例には、「校長の採用は、原則として公募（職員からの募集を含む。）により行うものとする」（第一六条）とあり、大阪市が所管する大阪府立の学校では、外部人材の登用を含めたシステムが採用されている。二〇二二年度には、四〇人の大阪府立公立学校の学校長公募枠に対して、外部から六一名、内部から九三名が応募し、三度の選考を経て、外部人材二名、内部応募者三一名が合格している。

校長をこれまでと異なる方式で選考するようになったのと同時に、リーダーシップを強化する目的で、予算制度のあり方も変更されている。大阪府の学校予算では、一定の基準で一律に配分される基礎的予算にあわせて、事業予算計画の提出が必要となる予算や、特徴的な取り組みを行う際に申請できる加算配分予算などを設けて、学校ごとの特色を出すような工夫を現場から募集した。同様の仕組みは大阪府でも行われている。

†公教育に競争原理を導入

こうした一種のアメの制度と同時に、ムチに相当する競争原理も導入されている。例えば、二〇一四年の改正で、大阪府は大阪府立学校条例に「入学を希望する者の数が三年連続して定員に満たない高等学校で、その後も改善する見込みがないと認められるものは、再編整備の対象とする」という項目を追加し（第二条二項）、三年連続で定員割れを起こす公立学校の統廃合を条例化している。

実際、二〇一四年以降には複数の高校が統廃合やその検討を迫られる事態となった。大阪府の南部では若年人口の減少に加え、後述する府立校の学区制度の廃止に伴い学生の獲得競争が激しくなった。これにより高校の統廃合が進み、高校のない市町が出てくるなど、地域運営への影響が懸念されている。[17]

近年、大阪維新の会が積極的に打ち出す「私立高校授業料の無償化と所得制限の撤廃」も、元をたどるとこの学校間競争原理に行き当たる。大阪府では私立高校補助の方式を、従来の学校単位から、生徒数に応じた額に切り替えた。私立学校は、府の財政的支援を受けるため、生徒を確保しなくてはならなくなった。同時に、生徒や保護者に対しては、私立学校と公立学校の選択の自由度を高めるため、私立学校に対する授業料補助の所得制限を撤廃し、高所得世帯にも適用するようにしていった。

実は、橋下が府知事であった二〇一〇年時点で、大阪府の財政再建計画において私立学校への授業料軽減助成に関しては削減の方針が決まっていた。ところが、橋下府知事はこの方針を転換し、授業料軽減助成を大幅増額した。その代償となったのは、職員給与であった。当時副知事であった小西によれば、当初二七〇億円だった職員給与削除案が、知事提案として三五〇億円にまで増額されたという(18)。

この点で、維新の会が喧伝する競争原理とは、あくまで行政組織や学校内部の仕組みに対して向けられるものであり、市民はむしろ「消費者」とみなされていたことが指摘できるだろう。二〇一二年から行われてきた困窮世帯を対象とする塾代や習い事のバウチャー型補助制度も、二〇二四年一〇月からは所得制限が撤廃され、子どものいる全世帯に拡大される見通しである。

学校間、さらには民間教育サービスを含めて、教育そのものに競争原則を当てはめるためには、学校組織の自律性や独立性は、ともすると邪魔な存在となる。これを変えるために必要とされたのが、第三の方針である教育行政制度の改革である。

具体的には、教育委員会の首長からの独立性に対して、行政権限が及びにくい構造を変えるために、大阪府では三つ、大阪市では二つの条例が、二〇一一年から一四年にかけて成立している。例えば、すでに挙げた大阪府立学校条例では、学校の統廃合だけでなく、教員の人事や指導に関する具体的な内容が定められ、学校に対する評価基準等が盛り込まれている。こうした教育委員会の枠組みに影響を与える方針については、教育現場から批判の声も上がっている。[19]

また、教育政策においては小中高および公立大学以外でも、大きな変更がなされていた。都構想の提案が固まるのに先立って、心身上のハンディキャップをもつ児童・生徒が通う一二の大阪市立特別支援学校を、大阪府に移管することが決定される。大阪維新の会は、児童・生徒数が少ない特別支援学校にはコストがかかり、高コストの学校を安定的に運営するため、支援学校を府に移管したと説明する。[20] しかし、大阪府立障害児学校教職員組合が確認したところ、大阪市立の特別支援学校が府立に移管された後で、各種教材費の削減や、肢体不自由生徒の補助として特別配置していたスタッフの数が削減されるなど、それ

まで市が独自に行ってきた予算措置は、移管後に府の水準にあわせる形で削減されている。(21)

マジョリティ向けの教育は、投資価値の側面から拡充し、消費選択を好む有権者を重視する一方で、歴史的に形成されてきたマイノリティに対する措置はひっそりと削減されていく。このような姿勢は、大阪維新の会の政策を特徴づける重要な側面である。

一方で、第三章で詳しく述べるように、大阪における教育政策は、相対的には大阪府民から高い評価を得ている。さらに、先述した学力調査の結果についても、この間に変化がみられた。

例えば二〇一四年の中学生の学力調査では、国語、数学ともに都道府県内での正答率の偏差値は近畿圏内で最低であり、国語は四八未満、数学も四九未満であった。二〇二二年の同様の調査では、近畿圏内では数学は滋賀と並んで同率三位、国語は京都、兵庫に次いで三位となり順位を上げている。また、全国平均に対する偏差も縮まりつつあり、この間、大阪の中学生の学力は一定程度伸びていることも事実といえよう。

現場に対して競争を強い、摩擦を生んだ反面で、教育サービスへの資源の量的拡充や、市民の満足度を重視した施策は一定の効果を上げており、維新の会への評価や支持を強化した可能性が高い。以上の分析は、続く章においてより詳しく行っていこう。

†公立病院の「二重行政」とは何だったのか

コロナ禍前の大阪においては、公立病院に対する改革も行われてきた。公立病院や医療分野に対する改革の旗印も、先述の都構想に連動するいわゆる「二重行政」問題に端を発している。二重行政の議論でたびたび登場する事例として、大阪市の整備した大阪市湾岸地域のWTCビルと、大阪府が関西国際空港までの横断橋が架けられる泉佐野《いずみさの》市に建設したりんくうゲートタワービルの高さをめぐる不毛な競争が象徴的に語られる。

必要のないビル建設にともなう無駄な競争は、大阪府と大阪市の間の意地の張り合いによるものだとして、二重行政の「非効率性」が大阪維新の会所属議員の著書でたびたび言及されている。しかし、橋下徹は堺屋太一《さかいやたいち》との共著の中で、二重行政とは同じ種類の建物があることではなく、都道府県レベルと市町村レベルの行政機能が分割できていないことが問題なのだと指摘する。(22)

以下で取り上げる、公立病院事業の二重行政解消を目的とした旧・大阪市立住吉市民病院の廃止と、二キロ先にある府立病院への機能統合、跡地への民間病院の誘致は、こうした機能面の分割が目的であるとされている。両病院はいずれも小児・周産期医療を行っていた。そのため同機能の公立病院が府と市でそれぞれ運営されていることが「二重行政」とされたのである。しかし、住吉市民病院は一般受診を中心とした二次医療施設である。三次医療施設であり高度医療を担う大阪府立急性期・総合医療センターとはそもそも提供するサービスが異なっていたとの指摘もある。[23]

同時に、大阪維新の会における公立病院への政策方針は、基本的に都市における公的な医療サービスの必要性をどれだけ小さくできるかという点に注がれていた。大阪維新の会は、大阪府市が運営する公立病院はその多くが経常収支上は黒字となっているとしながらも、実態は府や市の一般会計、つまり税金による穴埋めでその経営を維持しているに過ぎないと主張する。[24]

また、同規模の公立病院（うち独立行政法人になったもの）と比較した場合、大阪府市の公立病院は経営上の税金による補塡が大きいことを理由に、その「非効率性」が指摘された。その原因については、個別の病院の状況をより精査する必要があるとしながらも、一例として人件費の高さを指摘している。

例えば、公立病院の看護師の平均年収は五五五万円（民間四五〇万円）であるのに対し、機能統合のため廃止された大阪市立住吉市民病院は平均六四〇万円と相対的に高いとされた。また、事務職員の給与についても、公立が五八九万円（民間三八五万円）であるのに対して住吉市民病院は七〇八万円と高かった。[25] 医師の給与水準は公立、民間いずれの平均も下回っていたが、公立病院部門の人件費の相対的な高さが「非効率性」の象徴の一つとして語られたのである。

また、公立病院の高コスト体質の原因として槍玉に挙がったのが、政策医療と呼ばれる領域である。政策医療とは、診療だけでなく、採算性が低いが必要とされる高度な医療の提供や研究、医療従事者の人材の再生産などを指している。政策医療は診療報酬だけで賄うことが難しい。そのため、民間でなく公的な医療機関が税財源による補填を受けながら運営していく必要があるが、それゆえに赤字削減の努力が停滞しやすいとされる。

民間や大学附属など公営以外の運営主体も多くある中、公立病院への財政負担をどの程度まで受け入れるべきなのか。この問いに対して、維新の会は公立病院の二重行政の廃止というレトリックを用いながら、究極的には統廃合や縮小の方向性を打ち出そうとしていた。しかし、まさに人口の集中する都市だからこそ、緊急かつ大量の医療サービスが必要とされる事態が生じることもある。それがコロナパンデミックの発生である。

続いて、大阪におけるコロナ対策の流れについて、いわゆる「大阪モデル」の実態を概観し、維新の会による医療政策や公衆衛生政策の状況を足早に振り返ることにしたい。

†「大阪モデル」の光と影

大阪府内で初めて新型コロナウイルスの感染者が確認されたのは、二〇二〇年一月二九日のことであった。当時、都市部を中心に数名の感染者が確認されるにとどまり、WHOも公衆衛生上の特段の懸念は低いと告げるなど、危機感は薄かった。吉村洋文と松井一郎の著書によれば、両氏は感染者が出た初期段階から大阪府と大阪市の一体的な危機管理体制を構築するため、一月二四日に全国に先駆けて「大阪府新型コロナウイルス対策本部」を立ち上げ、府内の相談窓口や検疫体制に関する議論を開始した(26)。

二月にかけて、横浜港に寄港したクルーズ船ダイヤモンド・プリンセス号内の防疫対策が連日テレビなどで報道される中、すでにコロナウイルスは都市部を中心に感染拡大を始めていた。大阪市では二月末に急遽、政府対応よりも先に幼稚園、小学校、中学校の臨時閉鎖を決めた。同じく二月末には大阪市内のライブハウスで、クラスター感染が確認されつつあった。三月にかけては、県をまたいでの移動自粛や外出自粛要請などが全国的に始まり、四月七日には政府による緊急事態宣言が発令されることになった。

政府による緊急事態宣言の解除時期が見通せない中で、都道府県独自の自粛要請基準の必要性を示すいわゆる「大阪モデル」の運用が五月八日から開始される。大阪を象徴する建造物である万博記念公園の太陽の塔と、新世界の通天閣が、感染状況に応じて夜間、赤・黄・緑にライトアップされた。連日、メディアに出演し、具体的な数値目標を掲げ感染コントロールと社会経済活動との両立を図ろうとする吉村知事の姿勢が評価されたのか、二〇二〇年五月から六月にかけて日本維新の会の支持率は統計で一・四ポイント上昇している。(27)

行政学者の北村亘《きたむらわたる》は、大阪で自粛要請解除が急がれた背景として、財政基盤の安定した東京都に比べ、大阪では長期間の自粛に対する民間への経済的支援が財政的に困難であったことを挙げている。同時に北村は、この間の大阪維新のメディア対応が、むしろ大阪における取り組みや知事の積極性のアピールとなり、党の全国的な影響力にプラスに作用したのではないかと分析している。(28)

実際、第三章においてあらためて論じるように、大阪のコロナ対策への評価は維新支持者だけでなく、維新を支持しない人びとの間でも高い傾向が見られる。

一方で、大阪におけるコロナ対策が、どれほど「成功」したといえるのかには疑問も残る。感染拡大初期には、不足した医療用防護服の代わりに家庭用雨合羽の寄付を市民に呼びかけたり、感染抑制に効果があるとしてポピドンヨード液の使用を推奨するなど、科学的根拠を欠いた情報発信が物議を醸した。また、厚生労働省が発表している最新の統計によれば、大阪府の人口一〇〇万人あたりの死者数は九七四・四人と、全国で最も多い（二〇二三年五月九日最終集計）。

感染症専門医である岩田健太郎と宮越千智が人口集中や高齢化などの要因を勘案して行った分析では、大阪府においてコロナパンデミックによる超過死亡は確認されなかったとされる(29)。しかし、この研究では各地域の財政的な要因までは考慮されていない。筆者が独自に集計した分析によれば、政府によるコロナ対策臨時交付金の使途内訳では、大阪府の医療・感染対策に対する使途の割合が東京都よりも低かったことを付言しておきたい(30)。

以上、「二重行政」の解消を掲げた一連の医療改革の途上で生じたコロナ禍は、広域行政を担う大阪府と、都市行政を担う大阪市の連携を示し、維新の会の行政改革を全国に発信するという意味で、奇貨として作用したのであった。

†ふたたび大阪で万博を

「東京ではオリンピックならば、大阪では万博を」

このような掛け声のもとで、二〇一〇年代初頭から大阪維新の会は国際万国博覧会の開催誘致を進めてきた。以下では、大阪維新の会が大阪・関西万博をいかなる政策的、政治的理念において語ってきたのかを、いくつかの資料をもとに振り返る。そこには、外国人観光客による関西圏の経済的浮上に弾みをつけたい思惑と、その後のＩＲ事業展開の条件整備という面が透けて見える。

また、万博誘致の成功そのものが、維新の会の内部においては二重行政克服の象徴的な成果であるとされている。万博誘致の背景には、それ以前に行われていた大阪オリンピック誘致の最終的な挫折が影響している。当初、大阪では二〇二〇年のオリンピック招致に向けて、立候補する準備を進めていたが、東京が手を挙げることが確実となった段階で誘致を断念した。

代わりに浮上したのが、一九七〇年に現在の吹田市千里丘陵で開催された万博の成功を、再び大阪でという提案であった。この提案を行ったのは、橋下徹と懇意であった作家の堺屋太一であったとされる。二〇一三年、橋下、松井、堺屋の三氏が揃った会食の場で、堺屋から大阪の活性化のために「もう一度万博を」という提案がなされたことが複数の資料に記されており、松井一郎も自身の回顧録において、堺屋から大阪・関西万博の実施を打診されたとしている(31)。

この計画は、維新の会府議団を経由して大阪府議会で審議されたが、実現に向けた議論が本格化するのは、二〇一五年の年末に松井、橋下両氏が当時の安倍晋三首相と菅義偉《すがよしひで》官房長官と会食し、そこで政府側の後押しが得られたことが大きいとされる。

ただし、万博誘致は一筋縄ではいかなかった。当初、二〇二五年の万博開催地として最有力とされていたのは、フランスのパリである。パリは第一回の万国博覧会が開催された「万博の故郷」であるほか、欧州各国の票が集中することが予想され、大阪にとっては強力なライバルと見込まれていた。ところが、パリはそれ以前に立候補していた二〇二四年オリンピックの開催地となった。メガイベントの連続開催による費用負担がフランス国内で問題視され、パリは一八年二月に万博誘致を取り下げる。パリ以外のライバル候補地は、ロシアのエカテリンブルクと、アゼルバイジャンのバクーであった。投票の結果、大阪、エカテリンブルク、バクーの順となり、続けて行われた決選投票を制して正式に大阪が開催地に決まったのは、二〇一八年一一月二三日のBIE総会であった。
この誘致成功について、維新の会の幹部らは「二重行政解消の成果」だと強調した。吉村、松井は万博誘致について、次のように述べている。(32)

2025年万博は、大阪市役所と大阪府庁が一致団結して招致に成功しました。万博の場合は、首長二人が大阪維新の会でした。議会でも大阪維新の会が府市ともに与党（第一会派）でした。そのためスムーズに進みました。

都構想という旗印が輝きを失う一方で、二重行政の解消が大阪の成長につながったというこのような物語が、市民にどう評価されるかは、今後のプロジェクトの成否に左右されるだろう。当初予定額の一・八倍までに膨らんだ会場建設費は、二〇二三年九月の報道時点では二三〇〇億円相当を国、大阪府市、経済界の三等分で負担することになっている。誘致の華々しい物語の反面で、膨張する事業経費に批判の目も向けられる中、万博事業の未来は必ずしも順風満帆とはいえないだろう。

†IRは持続的成長の呼び水となるか

万博の会場として予定されている大阪市此花《このはな》区の沿岸部に位置する埋立地の夢洲には、維新の会が主導するもう一つの大型計画がある。それが、カジノを含む統合型リゾート施設（IR）の建設と開業である。IR建設に関わる嚆矢《こうし》は、二〇〇九年九月一五日に当時の橋下知事が夢洲・咲洲《さきしま》地区まちづくり推進協議会において、ギャンブル施設を誘致する案が提示されたことに始まるとされる(33)。

この時点では日本国内にカジノ建設を可能にする法案はなかったが、二〇〇三年の観光立国、同年の自民党議員を中心に結成された「カジノ議連」など、政界では一定の動きがみられた。さらに、二〇一三年六月に日本維新の会がIR推進法案を衆院に提出したことにより、議論がにわかに活発となっていく。当時は、同年九月に東京オリンピックの開催が決定するなど、観光立国論が盛り上がり始めた時期でもあった。

実際、二〇一三年は訪日外国人数が初めて一〇〇〇万人を超えた年であり、長く続く国内の消費低迷の中で、外国人観光客による旺盛な消費需要に期待が高まりつつあった。二〇一三年のIR推進法案は、安保法制整備の渦中でまとまらず、成立には至らなかったが、その後二〇一六年一二月一五日には、特定複合観光施設区域の整備の推進に関する法律（IR推進法）として成立する。法案に賛成したのは自民党と日本維新の会で、公明党は自主投票、民進党、日本共産党、自由党、社会民主党は反対を投じた。議員立法であったIR推進法の成立を受けて、政府はIR実施法（特定複合観光施設区域整備法）を二〇一八年四月二七日に提出し、同年七月二〇日に可決した。

コロナ禍にともなう遅延などもありながら、大阪市はIR事業者の公募を開始、二〇二一年九月二八日にアメリカのMGMリゾーツ・インターナショナルとオリックスの連合体であるMGMオリックスが事業者として選定された。しかし、事業者が決定した後も、IR事業の開業計画は必ずしも順風満帆とはいかなかった。

MGMリゾーツは独自に行った地盤調査に基づき、大阪市に建設予定地の液状化対策や汚染物質の除去を要望した。この費用総額は七九〇億円に上り、それを大阪市が負担することが決定した。その後、液状化対策工事は工法の見直しにより四一〇億円から二五五億円に見積もりが変更されたが、巨額の負担を大阪市が背負う事実に変更はない。開業時期についてはコロナ禍の影響もあり、二〇三〇年秋に予定が繰り下げられた。

維新の会が、「大阪の成長」のテコとしてIR事業への期待を寄せる一方で、こうした巨大プロジェクトについて人びとの理解が得られているかには疑問符がつく。この点については、次章において詳しく考えてみることにしたい。

善教将大の言葉を借りれば、大阪の有権者は政策や政党に対して合理的評価を下している。万博やIRという開発事業は、教育政策や都心部整備の政策と比べ、利益還元という観点から、大阪府民にとって合理的なものとして受け止められていない可能性は否めない。維新の会が選挙において圧倒的な支持を得る一方で、これは維新支持の意外な脆弱さを示すものでもある。この点については、以降の章で調査や分析を重ねた上で、本書の最後であらためて検討することとしよう。

第三章

維新支持の構造
——大阪府民は「特殊な人びと」か

大阪都構想を掲げ、「二重行政」の弊害について街頭演説する吉村洋文知事。
2020年10月29日(提供=アフロ)

†クラウドソーシング調査という手法

本章では、大阪維新の会の支持構造と人びとの政策への選好の関係を確認する。大阪府における維新の会への支持率は、後述するように、大阪府以外の地域と比較して有意に高い。これは、大阪の人びとが全国と比較して特殊な政策選好を持っており、維新の会が大阪の特殊なニーズに合う政策を行っているためなのだろうか。また、維新支持者は、維新が推進するあらゆる政策を無条件で支持しているのだろうか。本章ではこれらの論点について、クラウドソーシングを用いたアンケート調査の分析を通じて検証することにしたい。

二〇〇〇年代以降、政治意識や生活実態についてのアンケート調査を、インターネットによって行う手法が広がっている。個人情報保護の意識が高まる中、対面調査での回答率が低下している。インターネットを通じた調査は比較的低コストで回答を収集することが可能であり、対面調査の代替や補完の目的から、積極的に活用されるようになってきた。ただし、クラウドソーシング調査には問題点もある。

最大の課題は、クラウドソーシングの調査結果が、調査を実際に行いたい人びと（母集団）に対して、一定の偏り（バイアス）を持ってしまうという点である。例えば、特定の商品の好みについて調査を行った場合、インターネットによるクラウドソーシング調査では、真に調査したい集団(真の母集団)よりも過剰な好みや、過剰な嫌悪を示す可能性(この偏りをバイアスと呼ぶ)があるということである。

バイアスを回避するための統計手法も検討されているが、本書で扱うデータは、回答者の年齢と性別の構成を国勢調査と近似させる形で回答サンプルの調整を行っている。しかし、こうしたサンプル調整を行っても、クラウドソーシング調査には一定のバイアスが生じるとされている。そこで、本書で用いるデータについては、次のような形でゆがみを前提に統計的に意味のある内容を読み取る工夫を講じた。

まず、大阪府内で一定数のサンプル(一〇〇〇件の有効回答)に対してアンケートを行う。続いて、大阪府を除いた四六都道府県についても一定数サンプル(同じく一〇〇〇件の有効回答)を集めた。

調査では、支持政党や政党別の好感度、増税や社会保障支出についての政策の好み、教育への公的負担の好みなどを共通して質問した。いずれの調査も、母集団に対して同じようなバイアスを持っている可能性はある。しかし大阪の回答が全国と比べて特殊な傾向を持つのかという「差」については、バイアスを前提にしても「有意な差」を見出すことができるはずである。

以降、本章では「有意な差」という言葉を用いるが、これは統計検定などを用いてある特定の数字が偶然に生じたものなのか、それとも偶然生じることは極めてまれ（つまり意味がありそう）なのかを確認する作業といえる。統計分析の多くは、このような得られた数値が本当に意味のある数値なのか、それともたまたまそうした結果が出ただけなのか、あるいは数字が過度に大きくなったり小さくなったりしているのではないかを確認するための作業で占められている。本章を含め、「統計学的に有意」という表現は、こうした各種の検定などを通じて、数値そのものや数値間の違いが偶然に生じた可能性が極めて小さいことを意味している。

大阪府内を対象とした調査では、維新の会が推進してきた都構想や教育費の無償化政策などの政策内容に対する評価や、大阪における直近一〇年間の環境変化に対する評価を別途に質問している。大阪に関する質問については、維新の会に対する好感度を基準にグループ分けを行い、このグループ間の回答の平均値間の差を用いて、意味のある結果を読み取ることとする。

先ほどの商品に対する好みを例に考えると、ある商品に対して一定のバイアスを持っている集団を所得や地域といったグループに分割して、そのグループ間の差を統計処理すれば地域間や特定のグループ間での好みに「差」があることを分析できる。本章ではクラウドソーシングデータを、大阪とそれ以外の地域、大阪府内の維新支持層と非支持層などのグループに分けて、その数値の差を比較することで大阪における維新支持の構造を読み解いていく。

†大阪は「特殊な場所」か

過去の世論調査から、大阪や関西地域における維新の会への支持は、他の地域よりも顕著に高いことが知られている[1]。今回筆者が行った調査でも、維新の会が大阪府内で強く支持されていることが統計的に確認された。

支持政党に関する質問では、全国において日本維新の会および大阪維新の会と回答した割合は五・八％であったが、大阪府内に限った集計結果では、実に二六・三％が維新の会を支持政党として挙げていた。この構成比の違いは、カイ二乗（χ^2）検定というグループ間の分布の違いを検定する統計分析を用いて確認した結果、両者に有意な差があることが明らかとなった。

カイ二乗検定とは、アンケート調査などの項目別の回答結果が、他に取られた結果や予想された結果と統計的に異なっているかどうかを判別する手法である。詳細は統計学の教科書などにゆずるが、カイ二乗検定の検定結果のp値が、例えば五％などの基準よりも小さければ、二つの結果が同じような構成になっているとは言い切れないことを意味する。本章の分析に引き付けていえば、カイ二乗検定の結果を読み解くことで、大阪府とそれ以外の地域との回答結果が、ほとんど同じといえるのか、それともおそらく違いがありそうなのかを確認できるということである。

大阪維新の会の大阪・関西地域における支持の強さを検証した先行研究では、維新支持が一定程度「土着的」なものであることが指摘されている[2]。大阪や関西という場所の特殊性が、維新の会への強固な支持と結びついているというのが、現状の評価の一つである。しかし、維新を支持することと政策への選好が、別のものであるということも考えられる。ここでは、大阪府民の政策に対する選好が大阪以外の地域の人びとと異なるのか、調査結果から読み取っていく。

維新が圧倒的支持を集める大阪や関西の人びとは、全国の他の地域の人びとと比べて特殊な選好を持つのだろうか。本調査では、図3－1にあるような個別の政策内容に関して、五段階評価で回答してもらった。「好ましい」「まあまあ好ましい」「あまり好ましくない」「好ましくない」「わからない」の五つの回答項目について、それぞれ「好ましい」(2)〜「好ましくない」(-2)、「わからない」(0)と数値化し、回答の平均値を計算した。平均値については、それぞれ母平均の九五%信頼区間を計算し、エラーバーとして視覚化している。

母平均の九五%信頼区間とは、「ある計算された平均値が、真実の値の周辺にある確率」のことである。例えば、日本全国の四三歳男性の平均身長を知りたい場合、全員の身長データを測って平均値を計算すればわかるが、実際にそのようなことを行うのは難しい。そこで、街中を歩いている四三歳男性を一〇人選んで、平均身長の信頼区間を計算する。そうすると、信頼区間は一六五センチから一七五センチの間であることがわかったとする。一〇〇回同じ実験を行う場合に計算された信頼区間の中には九五回は真実の平均値が含まれていると考えられる。これが、九五%信頼区間が真実の値の周辺にある確率ということである。本書では、信頼区間が離れていることをもって、得られた二つの数字の間に意味のある差があると評価して分析を進めることとする。なお、信頼区間の定義などについては統計学の専門書を参考にされたい。

図3-1を確認すると、信頼区間が大阪と全国とで乖離しているのは、「生活保護を増

図 3-1　各政策に対する評価
（n；大阪府解答＝1,000、大阪府を除く全国＝1,000）

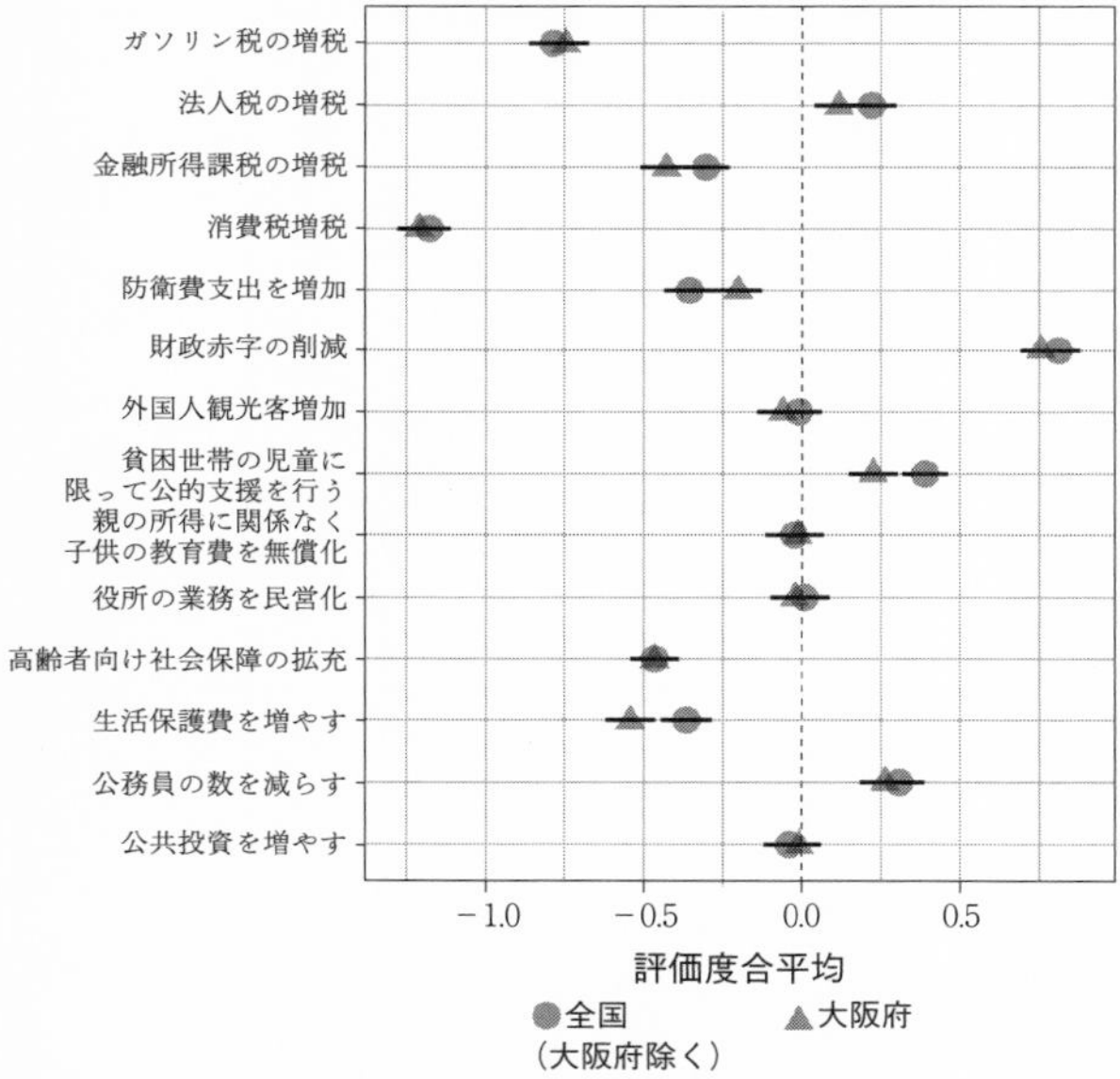

注：それぞれの政策内容に関する「好ましい（2）」、「まあまあ好ましい（1）」、「わからない（0）」、「あまり好ましくない（−1）」、「好ましくない（−2）」で算出したものとなる。エラーバーは95% 信頼区間を表す。
出典：インターネットアンケート代理業者 Freeasy 調査（2024 年 5 月 10 日〜11 日回収、大阪府居住、18 歳以上 99 歳以下回答、および、2024 年 5 月 10 日回収大阪府除く全国居住、18 歳以上 99 歳以下回答、なお本調査は桃山学院大学研究倫理委員会からの研究倫理審査の結果承認［承認番号 53］を受けている）より筆者作成。

やす」と「貧困世帯の児童に限って公的支援を行う」という項目についてである。これらの質問項目いずれも、大阪のほうが評価の度合いが低くなっている。また、カイ二乗検定を行うと、この二つに加えて、「財政赤字の削減」と「金融所得課税の増税」についても大阪と全国とで評価の構成が異なっている。

以上のカイ二乗検定における構成の違いについて、残差分析を用いて、違いが生じている箇所を特定し考察を加えておこう。大阪は、全国と比較しても生活保護受給率が高いこともあり、生活保護費の増加については大阪の「好ましくない」が全国と比較しても有意に高い回答率となった。「まあまあ好ましい」も全国と比較して低くとどまっている。また、「貧困世帯の児童に限って公的支援を行う」とする回答も、「好ましくない」の回答が有意に多かった。この点は、大阪における選別主義的福祉への反発とも関わる部分であり、終章で振り返ることとしたい。

「財政赤字の削減」は、全国と大阪の構成はほとんど同じであるが、「わからない」の回答が大阪においてわずかに多いことにより、カイ二乗検定の結果、差が有意となっている。ただし、大阪も全国も七割近くが財政赤字の削減を「好ましい」と回答しており、その点で政策の評価に関わる部分では似通った傾向を持っているといえるだろう。金融所得課税の増税については、大阪のほうが「好ましくない」と回答する割合が有意に多い結果となった。ある意味で、大阪のほうが増税に対して忌避感を有しているとも受け取れるだろう。

この四つ以外の回答については、大阪と全国で回答の構成に有意な差は見られなかった。つまり、大阪府民は日本全国の人びとと同じように、消費税、ガソリン税の増税を嫌い、公務員を減らすべきだと考え、高齢者向け社会保障の増加は問題だと感じているということである。回答項目の多くで、大阪府民の政策選好は全国の人びとと重なっている。また、増税に否定的で、公務員数削減や財政赤字の削減に高い評価を行っている点でも、評価が共通している。この点は、第四章でも説明するとおり、大阪維新の会が主導してきた政策内容が、大阪以外の地域においても受け入れられる可能性があることを示している。

†維新支持は高所得層か、低所得層か

続いて、維新支持について、所得階層別の差があるかをあらためて確認しよう(図3－2)。

大阪維新の会の支持層は、二〇一〇年代には低所得者層に多いとされる説があり、都構想の住民投票の際にはその支持者は高所得層、あるいは都心部のタワーマンション住民に

図3-2　大阪維新の会および日本維新の会への好感度（n＝1,000）

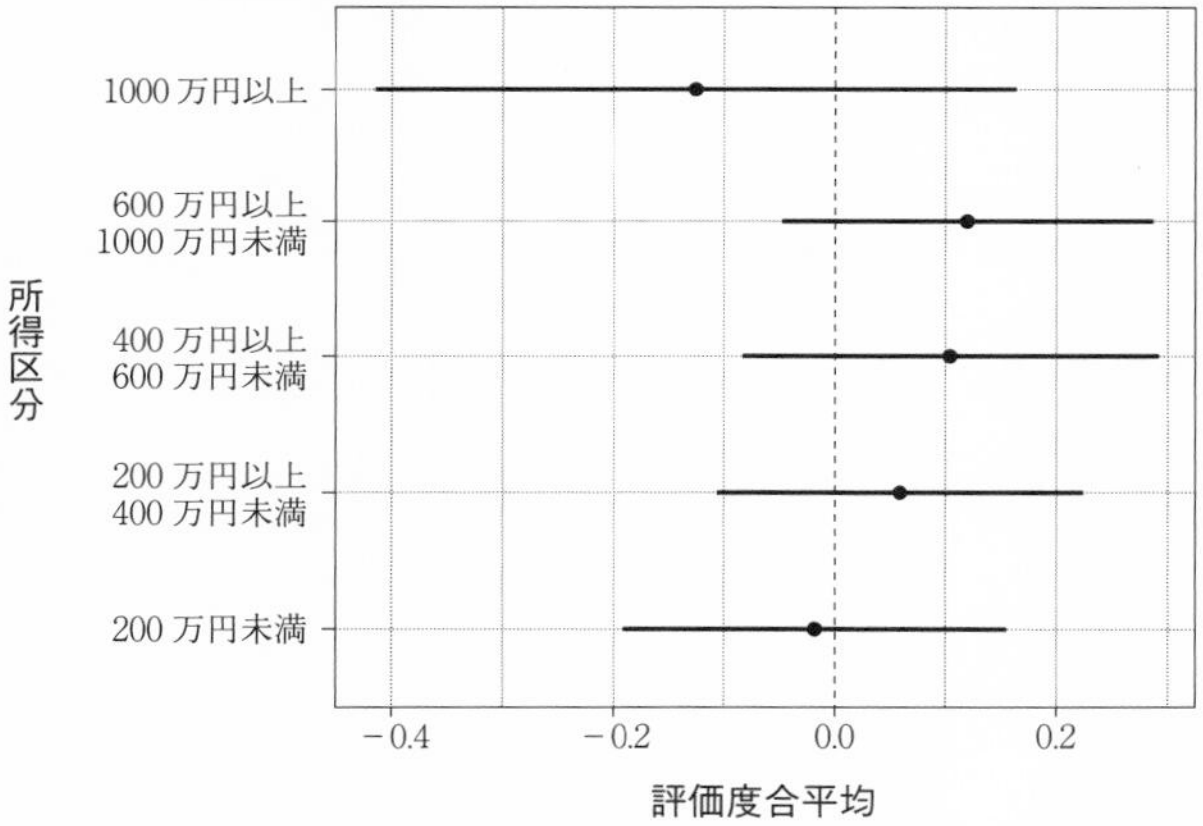

注：「あなたが各政党に対して持っている好感度の段階をお答えください」で、日本維新の会（大阪維新の会を含む）「好ましい（2）」、「まあまあ好ましい（1）」、「わからない（0）」、「あまり好ましくない（−1）」、「好ましくない（−2）」で算出したものとなる。エラーバーは95％信頼区間を表す。
出典：インターネットアンケート代理業者Freeasy（2024年5月10〜11日回収、大阪府居住、18歳以上99歳以下回答）より筆者作成。

象徴されるようなアッパーミドルクラスであるといった見方もあった[3]。低所得層に支持されるという言説の背景として、維新の会がポピュリズム政党であり、欧州やアメリカのポピュリズム現象が、移民排斥を掲げる労働者層や、いわゆる「錆びついた地域（ラストベルト）」の中間層からこぼれ落ちた人びとの支持によるものであったことなどが引き合いに出された[4]。

先ほど言及した政治学者の善教将大は、実証データから、低所得層による支持が統計的に有意でないことを明らかにし、大阪維新の会は低所得層に支持されるポピュリスト政党ではないと指摘する。(5) 同時に、維新が高所得層に支持されているという点についても、強い根拠は存在しない。政治学者の冨田宏治は、大阪都構想に関する街頭意見調査において、肌感覚としてアッパーミドルクラスの支持を主張している。(6) また、これとは別の初期の統計調査では、維新支持が高所得層にやや強くみられたという研究結果もある。(7) さらに、維新支持は、大阪市内の居住歴が短い、近年の都心回帰組に多いとする調査も別途存在することから、(8) こうした「肌感覚」は必ずしも的を外したものではないかもしれない。しかし、今回、筆者が行った調査では、維新支持は低所得者、高所得者のいずれにも偏っていないことが明らかとなった。

あらためて図3-2を確認しよう。この所得区分は、基本的に総務省による家計調査の所得五分位に近づけた構成をしている。ある集団を貧しい人から豊かな人まで五つのグループに分けることを所得五分位という。一〇〇〇件の回答のそれぞれの分布は、概ね全体の二〇%の範囲にあたるが、最も高い分位だけ一〇%を割った数となっている。構成は、世帯年収二〇〇万円未満の層が二一八、二〇〇〜四〇〇万円の層が二五八、四〇〇〜六〇〇万円の層が一九二、六〇〇〜一〇〇〇万円の層が二三七、一〇〇〇万円以上が九五である。

世帯年収一〇〇〇万円以上（第五五分位に相当）のみ、サンプル数が少ないため九五％信頼区間は他の階層と比較して広くなっている。所得区分で見た際の維新の会に対する好感度の平均値は、信頼区間の違いに注目すると、すべての階層で明確な違いが確認できない。少なくとも現在の大阪府内では、高所得者や低所得者が他の所得階層と比べて突出して維新の会を支持しているとは言い切れない。統計検定（ここではＡＮＯＶＡ：分散分析を使用）でも、ｐ値は五％水準で有意な数とならず、高所得者や低所得者が著しく評価が高かったり低かったりすることはないことが明らかとなった。

なお、大阪を除く全国の好感度平均値はマイナス〇・四で、大阪の〇・〇五よりもかなり低く出ている。好感度平均値の九五％信頼区間で比べても、大阪府内の維新に対する好感度は他の地域と比較しても有意に高い結果となった。また、大阪府を除く全国のデータでも、所得階層別の維新支持に統計上有意な差は見られなかった。

ただし今回の調査は定点観測にとどまるため、所得別の維新支持の構想を十分に明らかにしているとは言い難い。ヨーロッパのポピュリズム政党の投票行動を分析した社会学者の研究でも、所得階層は地域によって有意な傾向を示す場合もあれば、そうでないケースもあるとされている。[9] 少なくとも、日本維新の会や大阪維新の会に対する支持が、現在の大阪府内で特定の所得階層に偏重しているわけでないというのが、今回の調査から読み取れる評価の一つである。

†維新の政策は誰に、どのように支持されているか

次に、回答者を大阪府内に限定して回収した一〇〇〇件のアンケート結果を用いて、近年大阪で行われている政策に対する評価の度合いを見ていく。図3-3は、近年の大阪で行われている各政策についての評価を、それぞれ「好ましい」(2)~「好ましくない」(-2)、「わからない」(0)として数値化し、その平均値を算出している。

この調査から、学習塾や習い事の費用を補助するバウチャー制度、大阪・関西万博の誘致、IR施設の誘致への評価は、他の政策に比べて信頼区間を含めて低いことが読み取れる。二重行政の解消については、他の政策内容と比較して、その評価が高いことが見てとれる。次いで相対的に評価が高いのが定員を満たさない公立高校の統廃合である。九五%信頼区間を含めて平均の評価がプラスになっているのは、これ以外に私立高校を含めた教育費の無償化、市長や府知事のリーダーシップ、大阪中心部の再開発事業、コロナ対策で

図 3-3　近年の大阪で行われている政策についての評価

（n＝1,000）

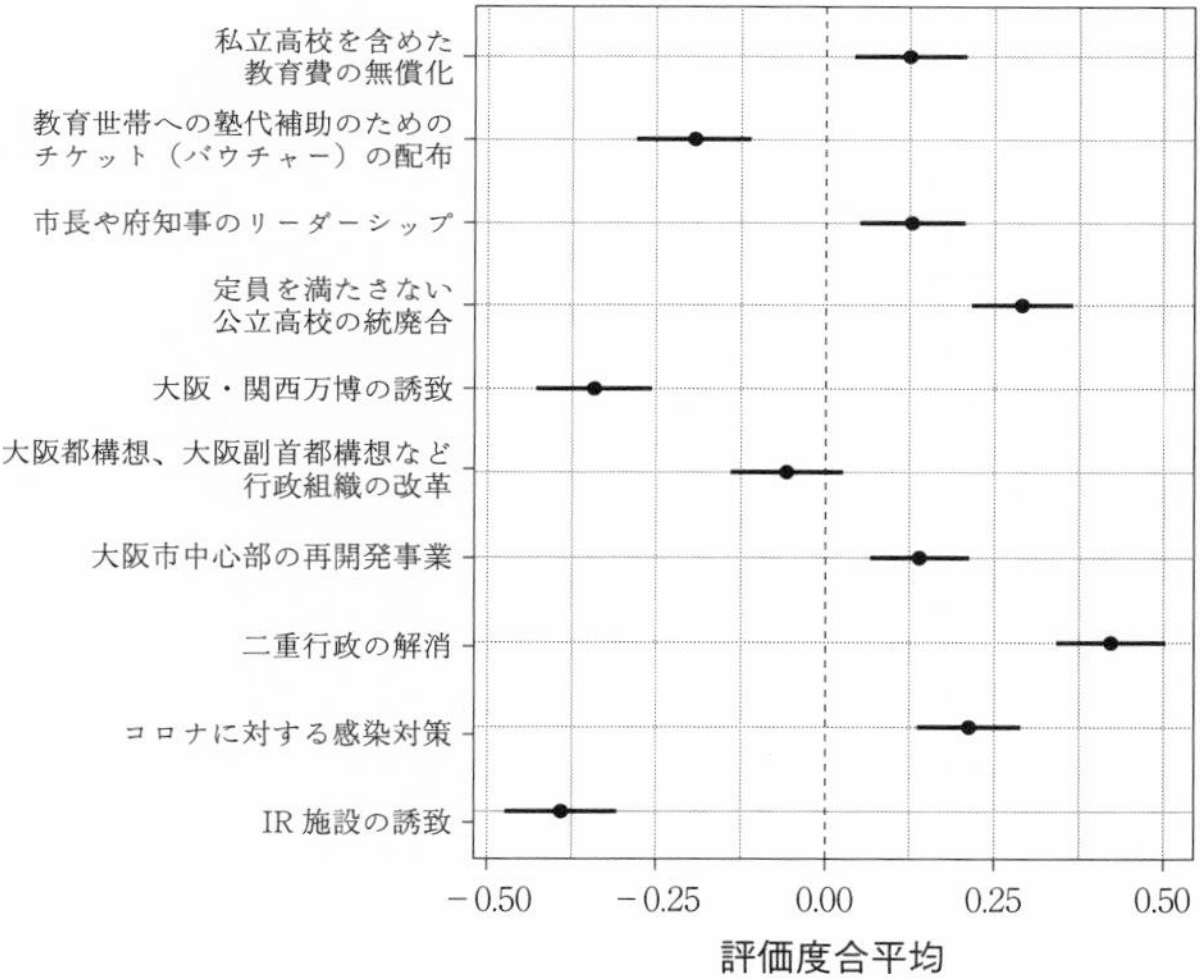

注：「近年の大阪で行われている政策についてのあなたの評価」について、それぞれの政策内容に関する「あなたが感じる好ましさの段階」として、「好ましい(2)」、「まあまあ好ましい (1)」、「わからない (0)」、「あまり好ましくない（－1)」、「好ましくない（－2)」で算出したものとなる。エラーバーは 95% 信頼区間を表す。

出典：図 3-2 に同じ。

ある。

一方、都構想や大阪副首都構想などの行政組織改革については、信頼区間が正負に伸びている。このように都構想に対する評価が明確に定まらない背景には、実際の住民投票においても、賛否が拮抗したことが現れているものと考えられる。その意味で、都構想に関する府民の評価は依然、二極化したものとなっているといえる。この点は、後ほどデータを詳しく検討することにしたい。

続いて、維新の会が大阪府市で過半数の支持を固めていったこの十数年間で、大阪府民が大阪での生活実感をどのように評価しているのかを調査した（図3-4）。最も高い評価を示しているのが、地下鉄など交通インフラ環境に関する項目である。信頼区間を含めてプラスとなっているのは、このほかに行政の効率化、子どもの教育環境などがある。

災害対策、街の活気、インフラ整備、地域経済の活性化、医療サービスの充実は下限がゼロか、ゼロをまたいでマイナスにも振れているため肯定的評価とは言い切れない。逆に、街の治安、生活困窮者への支援など、治安や社会保障関係の評価に関する数値が、いずれも低くなっていることは示唆的ともいえる。以上のデータについても、後で詳しく分析することにしたい。

図 3-4　この 10 年間での大阪の環境の変化についての評価

（n＝1,000）

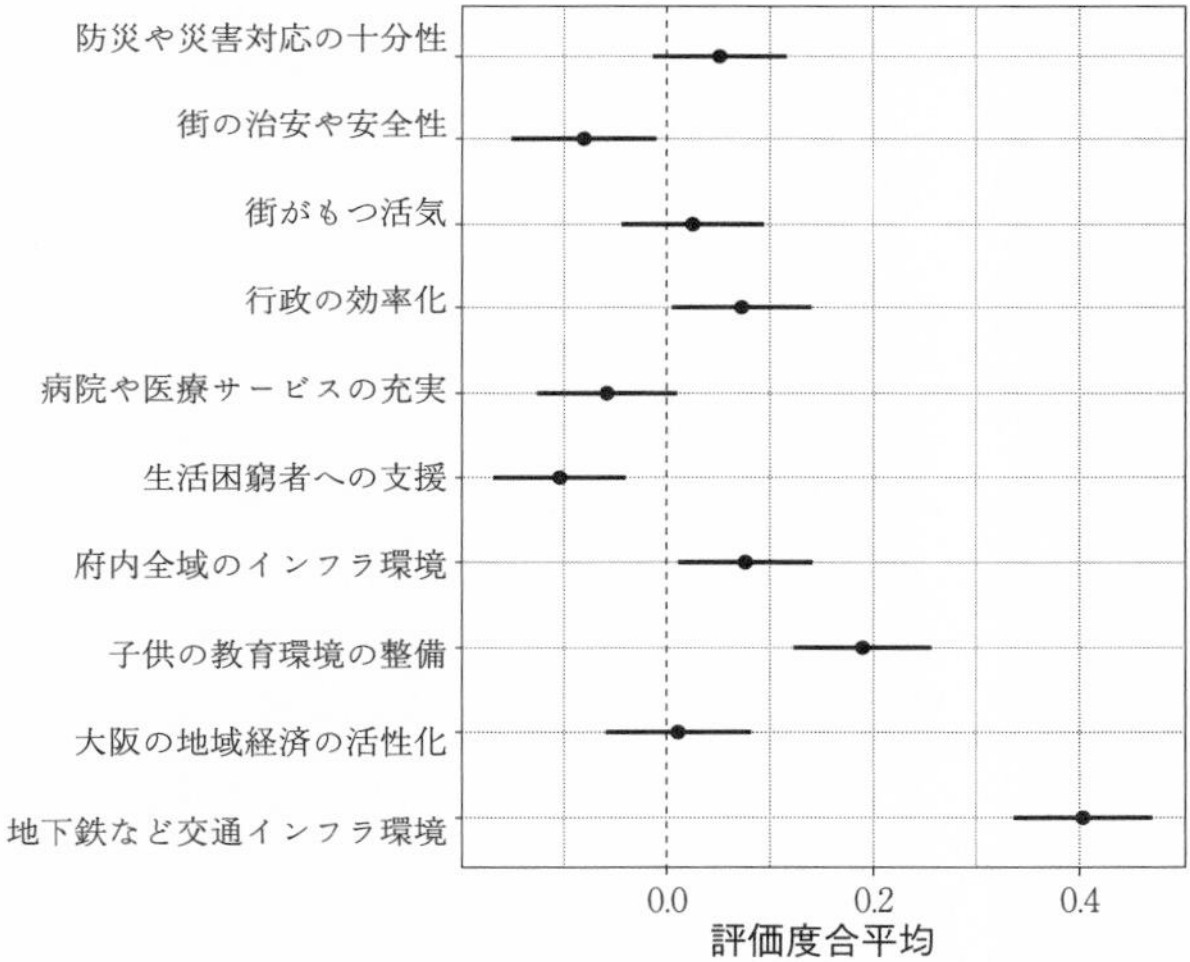

注：「この 10 年間での大阪の環境変化についてあなたの評価をお答えください」という質問に対して、それぞれの項目について「良くなっている（2）」、「やや良くなっている（1）」、「わからない（0）」、「やや悪くなっている（−1）」、「悪くなっている（−2）」で算出したものとなる。エラーバーは 95% 信頼区間を表す。

出典：図 3-2 に同じ。

以上、大阪府民の近年の大阪における政策への評価、生活実感に関する評価について見てきた。二重行政の解消や教育政策、コロナ対策について、大阪府民は相対的に高い評価を示している。地下鉄など交通インフラや教育環境は、生活実感としてもプラスの評価を得ている。一方、まさに争点化しつつある万博やＩＲ事業については、その評価は極めて低い。また治安や社会保障といった分野についても、評価が低いことが明らかとなった。

このような全体の評価を、続いて大阪維新の会への支持傾向別に分析することにしたい。図3－5と図3－6は、各政党への好感度の調査結果をもとに、「好ましい」「まあまあ好ましい」と回答した者を維新への相対的支持層（四五六）、「好ましくない」「あまり好ましくない」と回答した者を維新の相対的非支持層（三四八）、「わからない」と回答した者を無関心層（一九六）として分類し、政策や大阪での生活環境に対する評価の度合いを数値化したものである。

結果を一瞥すると、基本的に維新支持層はプラスを意味する図右寄りの列に評価が並んでおり、非支持層はその反対であるマイナス側に評価が並ぶ傾向にある。無関心層はゼロをまたいで、プラスとマイナスの両方に信頼区間が伸びていることが多い。こうした結果は、直感的にも頷けるものといえよう。しかし、これらのデータを細かく検討すると、維新支持層であってでも相対的に評価の低い項目もあり、一方では非支持層も相対的に高く評価する項目があることが読み取れる。こうした、支持層と非支持層の相対的な評価の度合いの違いが、先ほどの全体集計の結果につながっているのである。

では、維新の会が推進する種々の政策、および大阪の環境変化に関して、大阪府民はど

図 3-5　近年の大阪で行われている政策についての評価

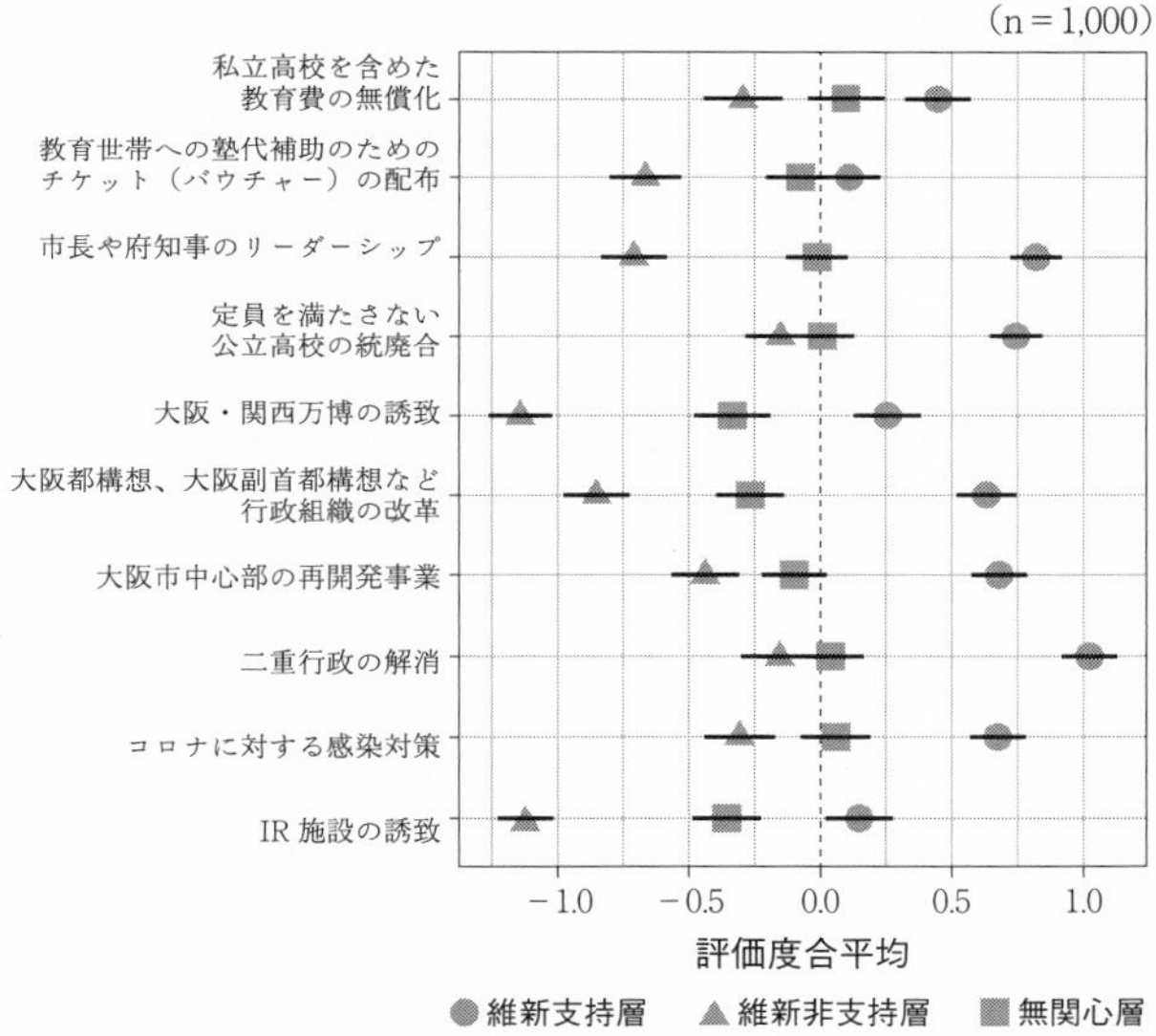

注：「あなたが各政党に対して持っている好感度の段階をお答えください」で、日本維新の会（大阪維新の会を含む）に「好ましい」「まあまあ好ましい」を回答したものを「維新支持層（n = 456）」、「わからない」と回答したものを「無関心層（n = 196）」、「あまり好ましくない」「好ましくない」と回答したものを「維新非支持層（n = 348）」で分類し、「近年の大阪で行われている政策についてのあなたの評価」について、それぞれの政策内容に関する「あなたが感じる好ましさの段階」として、「好ましい（2）」、「まあまあ好ましい（1）」、「わからない（0）」、「あまり好ましくない（−1）」、「好ましくない（−2）」で算出したものとなる。エラーバーは 95% 信頼区間を表す。
出典：図 3-2 に同じ。

図3-6　この10年間での大阪の環境の変化についての評価

（n＝1,000）

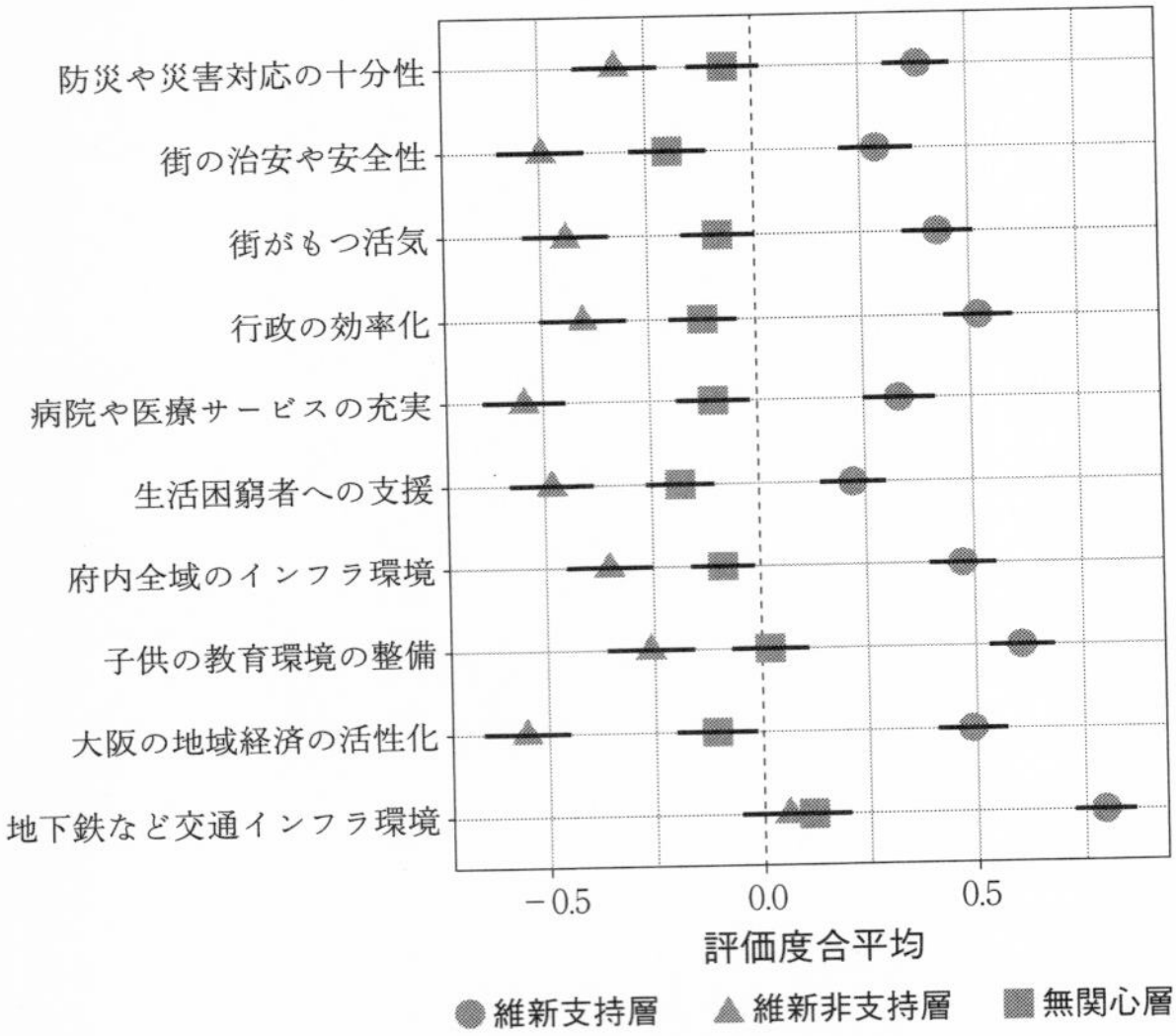

注：「あなたが各政党に対して持っている好感度の段階をお答えください」で、日本維新の会（大阪維新の会を含む）に「好ましい」「まあまあ好ましい」を回答したものを「維新支持層（n＝456）」、「わからない」と回答したものを「無関心層（n＝196）」、「あまり好ましくない」「好ましくない」と回答したものを「維新非支持層（n＝348）」で分類し、「この10年間での大阪の環境変化についてあなたの評価をお答えください」という質問に対して、それぞれの項目について「良くなっている（2）」、「やや良くなっている（1）」、「わからない（0）」、「やや悪くなっている（−1）」、「悪くなっている（−2）」で算出したものとなる。エラーバーは95％信頼区間を表す。

出典：図3-2に同じ。

のような評価を下したのか。この点を、二つの図を読み解くことで明らかにしていこう。

†二極化する「経済成長」への評価

「大阪の成長を止めるな」は、維新の会がくり返し掲げてきたスローガンである。大阪における経済成長が、維新躍進の二〇一〇年代以降、過去の大阪の水準や全国その他の地域に比べて顕著に高いといえるかについては、あらためて第五章において扱うが、ここではまず、大阪経済に対する人びとの実感からこの点を検証しておこう。

政策評価のうち経済成長と具体的に関係している項目は、「大阪市中心部の再開発事業」に対する評価だろう。また、直近一〇年の変化についての質問では、「大阪の地域経済の活性化」や「街がもつ活気」などが、経済成長の実感と結びつく項目だといえよう。

まず、中心部再開発に関する評価を見ておこう。大阪維新の会は、大阪の都市としての経済成長を強調してきた。具体的には、大阪北部に位置する全国との交通ハブ、関西地域と大阪中心部とを接続する高速道路の整備、梅田を中心とした都心再開発の必要性などである。図3－3で確認したように、大阪市中心部の再開発事業についての大阪府全体の回答は、比較的高い評価を示していた。

大阪の地域経済や活気に関わる質問について、維新非支持層の評価は概ね似通っている。いずれも約三割の回答者が、肯定的評価を示しており、五割程度が否定的である。大阪市中心部の評価が合計ではプラスの評価になっている理由は、維新支持層のこの回答に対する評価がそれ以外の二つと比較して相対的に高いためである。詳細に述べれば、「大阪市中心部の再開発事業」は維新支持層においては、全体の七割を超える回答者が肯定的評価を見せている。また、最も高い評価の割合も、街の活気や地域経済の活性化に対する回答と比較しても高くなっている。

中心部再開発が、支持層の相対的に高い評価によって全体的にみるとプラスに評価されている一方で、街の活気や地域経済などより広範な地域経済については、評価にばらつきがあるともいえる。この点は、第五章において扱う二〇一〇年代以降の地域経済への影響と無関係ではないとも考えられる。詳しくは後述するが、維新の会の都市財政運営において、中心商業地域やその関連地価は上昇したものの、大阪府全体の経済的底上げは必ずしも達成されていない。こうした評価の背景には、このような二〇一〇年代以降の大阪経済の実態が隠れているとも読み取れる。

†教育政策はどう評価されているか

維新の教育政策に関する評価や、生活実感からも興味深い傾向が読み取れる。まず興味深いのは、教育バウチャー制度の不人気である。教育バウチャーとは、大阪市が「大阪市習い事・塾代助成事業」として塾や習い事にかかる費用に対して月一万円を上限として、各家庭に補助を行う事業である。この政策は、調査の時点までは世帯所得に応じて制限が掛けられていた。二〇二四年一〇月からこの所得制限が撤廃され、対象の全世帯が受給可能になるとされている。

教育バウチャー制度は、一九九〇年代にアメリカの一部の州で導入され、全米導入に向けてG・W・ブッシュ政権下で議論されてきた。人気の教育事業者は利益を上げることができるので、教育サービスにおいて競争原理が働くとされる。ただし、大阪市における事業は、教育サービスの競争を促すアメリカのバウチャー制度とは異なり、これまでは低所得世帯向けの再分配政策の一つであったといえる。

現行のバウチャー制度に対する大阪府民の評価は必ずしも高くない。ただし、この低評価は、維新非支持層だけによるものではない。維新非支持層によるバウチャー制度への評価は、都構想や万博、IRといった政策よりましになっている。むしろ維新支持層のほうが、バウチャー制度に対して相対的に低い評価を与えている。この結果、バウチャー制度への大阪府全体の評価は、他の政策と比較しても低い結果となっている。

逆に、全体的に高評価の教育政策が、私立高校の無償化や定員未充足の公立高校の統廃合である。所得制限を設けない、私立高校の完全無償化は、政策の恩恵が全体に行き渡るため、より多くの人に支持される可能性があり、維新の会の支持非支持に関係なく、普遍的な評価を得ていることが考えられる。

一方、意外に思われるかもしれないが、公立高校の統廃合は維新非支持層においても評価の度合いが高い。公立高校の統廃合では、非支持層においても肯定的評価が四割近くとなっており、高校教育費の無償化や後述するコロナ対策と同程度に高い評価となっている。これには、大阪における公立高校改革の影響も考えられる。それまで学区が設定されており、進学できる公立高校は近隣地域の範囲内に制限されていたが、学区制限が撤廃され、生徒にとって進学先の選択肢が広がった。

このように、府民の選択肢を広げると同時に、公立高校の統廃合政策が各高校の競争を促すものであったことを考えると、一部の維新非支持層において、選択の幅を広げる政策が魅力的に映った可能性はある。とはいえ、全体的には評価の水準はマイナスに振れており、政策を評価しない割合も少なくなかった。この結果、同政策に対しては維新非支持層においても、相対的には評価の定まりにくい結果となっている。

以上をまとめれば、大阪維新の会が推進した教育政策のうち、バウチャー制度は維新支持層からもあまり評価されておらず、定員未充足の公立高校の統廃合については、維新非支持層において評価が拮抗している状態にあった。ここから、大阪府民は維新の支持非支持によって、維新の推進する政策を無条件に肯定したり、全否定するわけではなく、それぞれ一定の合理性のもとで政策を評価しているということが考えられる。

†都構想、万博、IRは支持されているか

第二章でも述べたとおり、大阪維新の会はこれまでいくつかの看板政策を掲げ、ときに住民投票にも訴える形で、大阪の政治空間を分断してきた。特に大阪都構想は、二〇一五年、二〇二〇年の二度にわたる大阪市の住民投票によって、僅差で否決された。現在も、大阪維新の会は都構想に関する議論を完全に下ろしてはいない。大阪副首都構想は、都構想が否決されたあとも継続して大阪府市のアジェンダであり続け、専門部局も継続してい

る。

都構想や副首都構想に関する大阪府民の意識は、全体で見ると拮抗している。九五％信頼区間はプラスとマイナスの両極に振れており、平均値も概ねゼロに近い。つまり、都構想は良くも悪くも思われていないという評価もできる。しかし、支持層と不支持層別のデータからは、この政策が大阪府内において二極化した評価を得ていることが明らかとなる。

図3−5を再び参照しよう。維新非支持層による大阪都構想、大阪副首都構想など行政組織の改革に対する評価は、その他の政策と比較して低くなっている。逆に、維新支持層において同政策は、各政策の中では相対的に高い評価を得ている。維新政治の看板政策であった都構想や副首都構想は、維新の支持非支持の間で大阪府民を分断していることがここから読み取れる。

では、同じく大阪維新の会の看板政策とされる大阪・関西万博の誘致やIR施設の建設計画などは、どのように評価されているのであろうか。そもそも、大阪・関西万博は都構想の住民投票が最初に否決された二〇一五年以降に、大阪維新の会によって新たに掲げられた旗艦政策であった。その主要な目的は、インバウンド観光客のさらなる誘致と、関西地域の経済的な底上げであるとされる。また、IRは万博会場と同様に此花区夢洲に建設されることから、万博に伴うインフラ整備の恩恵を受けることができる。

これらはいずれも、万博開催後の持続的な成長を目的としており、一見、大阪府民にとって経済的利益の大きい政策だと思われる。にもかかわらず、万博やIRに対する大阪府民の評価は、それ以外の政策と比較してけっして高くはない。

これは、維新非支持層がこの二つの項目に対して、その他の政策と比較して最も低い評価を与えていることが影響しているといえるが、同時に、維新支持層もこの二つの政策への評価は低い。万博やIRについてはさまざまな問題が噴出しているため、維新支持層でもこれに懐疑的な人は多く、結果的に低い評価を示す傾向となったと考えられる。

万博は国家プロジェクトであり、事業・建設費の高騰やパビリオンをめぐる問題について、大阪府市の行財政権限でコントロールできる範囲は限られている。そう考えると、こうした看板政策の不人気が続くことは、維新支持の構造に少なくない影響を及ぼすかもしれない。

†コロナ対策はどう評価されたか

最後に、大阪府におけるコロナ禍への対策がどう評価されたか、確認しておきたい。二〇二〇年三月以降、統計のある二〇二三年五月までの新型コロナウイルス罹患《りかん》に伴う死亡者の累積数は、大阪府が最下位であった。特に二〇二二年二月の感染流行期においては、それまでワースト二位であった北海道が一定の抑え込みに成功した一方で、大阪府では再び死亡者数が増加した。

初期段階で行動制限などを独自に打ち出した「大阪モデル」におけるリーダーシップの影響を割り引いても、死亡者数を鑑みれば、当時の大阪府における医療提供体制について、世論が懐疑的な見方を示してもおかしくないだろう。吉村府知事は二〇二〇年の感染拡大初期から、大阪発でのワクチン開発に積極的な発言を行っており、オール大阪での開発に早々に意欲を示した。しかし、製薬会社アンジェスとの共同開発事業は、七五億円もの国費を投じたにもかかわらず二〇二二年九月に成果を得ることなく終了した。

大阪維新の会は、吉村知事が陣頭指揮をとった「大阪モデル」の「成果」を強調するが、実際には死亡者数の抑制も成功せず、国産ワクチンの開発などでも成果を上げることはなかった。初期対応における混乱は多くの自治体で見られたとはいえ、その後においても事業の適切な検証や、必要に応じた見直しや取り止めは行われてこなかった。以上を踏まえると、大阪府におけるコロナ対策の評価は、少なくともその他の政策と比較してあまり高く評価されないと思われるかもしれない。しかし、今回の調査からは、そうした想定とは真逆の結果が示されている。

近年の大阪で推進された政策のうち、コロナ対策はバウチャー制度や都構想に対する評価よりも、信頼区間を含めて高い評価を得ている（図3－3）。また、維新非支持層もコロナ対策に対して、相対的に高い評価を示したことがわかる（図3－5）。実際の政策内容やその成果よりも、報道から伝えられる陣頭指揮をとる吉村知事の姿勢が、人びとの政策評価に影響を与えているのかもしれない。

政策の成否にかかわらず、人びとによる政策への評価が高くなることもあれば、低くなることもありうる。本書ではこの点について、これ以上の議論は行わない。ただ、感染症対策という人命に直接かかわる政策が、国家の責任のもとに適切に行われたのか、また地方行財政の対応が適切であったのか、こうした点についてもまた、財政分析を通じてあらためて検証すべきだということを指摘しておきたい。

†維新支持者は「普通の人びと」

本章は、筆者が独自に行なったクラウドソーシングを用いたアンケート調査によって、大阪府内の人びとの選好、また維新の支持層、非支持層の違いを分析してきた。本章を通じて明らかにしようとしたのは、①大阪の人びとは政治的に特殊な選好を持つのか、②維新支持者は無条件で維新の会の政策を評価しているのか、その逆に非支持者はすべての政策をまったく評価していないのか、この二点であった。本章の分析で得られた結果を、この二つの問いに答える形でまとめておこう。

第一に、大阪府の人びとの政治的選好が、全国の他地域の人びとと比較して特殊であるとは必ずしもいえない。今回の調査では、政策の選好に関して、大阪の人びととそれ以外の地域に住む人びとのあいだに、一部の項目を除いて統計的な意味で明らかな差を見つけることはできなかった。

これは、大阪の多くの人びとが維新を支持するからといって、全国的に見て「特殊な人びと」ではないということを示す、根拠の一つといえる。以降の章において検討する、大阪市の財政をめぐるここ十数年の変化も、こうしたいわば「普通の人びと」の心性に沿ったものであることを踏まえて、政策分析することが重要である。

均衡財政主義を取りながら、高齢者向け社会保障から教育政策へ配分構造を変更させ、公務員を削減し、公共領域を縮める——こうした政策が、大阪に特異なニーズによるものではなく、日本社会全体においても支持される可能性がある。これが、本章の結論である。それゆえ、実際に均衡財政主義のもとで公務員の削減を行った大阪の状況を分析することは、この国の政策論を考えなおすための、議論の出発点にもなりうる。

第二に、各政策をどう評価するかという点において、維新支持者は非支持者と政治意識がまったく異なるとはいえない。維新支持者は、所得階層などの属性によって有意な差が見られなかった。つまり、維新支持者は大阪府内の一部の偏った人びとではなく、あえていえば、大阪で生活するごく普通の人びとである。

だからこそ、政策への評価は、一部の項目を除いて維新支持層と非支持層とで判断が近づく面もあった。教育政策や都市開発、コロナ対策など、維新支持層が高く評価する政策は、非支持層においても相対的に評価が高い。一方、万博やIRなど、問題が噴出する看板政策に関しては、維新非支持層の評価が低いのは当然として、支持層においても相対的に評価が低い。これは、維新支持層が、その政策を無条件で支持する人ばかりで構成されているわけではないことを意味する。

維新支持層も、それぞれの立場から、一定の合理性のもとで政策に判断を下している。この点については、十分考慮する必要があるだろう。維新支持の背景を、熱狂的な支持者によるポピュリズムだと切り捨てる見方には、政策分析の含意を誤らせる危険がある。

以下の章では、ここまで検証してきた主要政策に対する人びとの評価が、大阪維新の会による実際の財政運営や経済開発とどのように結びついているのか、考察を深めることにしたい。

第四章
財政から読みとく
——維新の会は「小さな政府」か

新型コロナウイルスの感染拡大による緊急事態宣言が発令され、人通りがまばらな大阪・道頓堀。2021年1月11日夜（提供＝共同通信社）

†維新の会は新自由主義？

本章では、大阪維新の会が行った財政運営の実態を明らかにしていく。

橋下徹は二〇〇七年の大阪府知事選において、府の沿岸開発による財政赤字や公務員組織への批判を展開した。二〇一一年に行われた大阪府・大阪市のダブル選挙においても、大阪維新の会は大阪市の財政問題と公務員組織批判を選挙の争点にした。

維新の会の政策の思想的背景に、新自由主義や「小さな政府」論があることは、大阪維新の会結党時の中心メンバーであり、現在も日本維新の会の政策ブレーンの一人である浅田均のインタビュー講演録などからもうかがえる(1)。維新の会が政府部門をできるだけ小さくし、市場メカニズムを通じた経済的な効率性を重視していることは、党のスローガンとしても掲げられている。

しかし、新自由主義を標榜し、経済的効率性を重視する政府が、実際に「小さな政府」であった事例は決して多くない。第一章でも述べたように、新自由主義の象徴といえるアメリカのレーガン大統領にしても、彼が行った財政運営は決して「小さな政府」とはいえなかった。維新の会の実際の政策内容にも、同じことがいえる。

本章でも述べるように、大阪市の財政規模は維新の会が行財政運営を担うようになって以降も、他の都市よりもむしろ大きいままであったのである。政策思想として、新自由主義や「小さな政府」論が語られても、実際の政策内容がそれと乖離してしまうことは少なくない。近年の研究では、リベラル政党も保守政党も、程度の差はあれ、公的教育や社会保障支出を拡大するようになってきている。そのため、福祉国家（大きな政府）vs.新自由主義（小さな政府）という二項対立が没価値化しているともいわれる。(2)

政治的イデオロギーと政府規模の大小が単純には結びつかない中で、政府の質に関する議論は、財政を通じて配るサービスや財を、誰にどれだけ、どのように配るのかに移りつつある。例えば、欧州では保守・リベラルいずれも教育や福祉サービス支出を拡大すべきという論調にあるが、移民を含めて全員に配分すべきか、移民を排斥して国民（とされる人びと）にだけ手厚く配分すべきかで対立が生じている。保守・リベラル両陣営が歳出拡大的な傾向を示しているが、「手厚さ」を向ける対象や範囲が異なっているのである。

大阪維新の会の政策についても、新自由主義や「小さな政府」論という観点から理解したり批判したりすることが、適切ではなくなっている。そこで本章では、維新の会が運営する行財政が何にどれだけ、どのように財源を使ったのかという事実から、その政策の実態を明らかにしていく。維新の会が実際に行っている財政運営こそ、政党のイデオロギー的性格を超えて、彼らの政策傾向を映し出す鏡だからである。

†財政データの解像度を上げる――一人あたり額と偏差値

大阪維新の会の財政運営から彼らの政策思想を読み取るために、本章では大阪市財政の人口一人あたり歳出額と、その偏差値を分析に用いる。

個別の市町村の歳入や歳出といった「財政規模」は自治体によってさまざまである。二〇一九年度に最大の歳出額を計上したのは、神奈川県横浜市（約一兆七六六〇億円）である。逆に、最も歳出規模が小さかったのは、長野県平谷村《ひらやむら》（約八億八〇〇〇万円）であった。両者の差はおよそ二〇〇〇倍に上る。

しかし、人口も面積も違う自治体間を単純に比較しても、そこから何かの政策的意味を読み取ることは難しい。二つの山を比べて、「こっちの山のほうが大きいね」という感想を述べても分析的な意味がないのと同じである。山の大きさの感想のように、規模がまったく違う二つの自治体財政の全体量を比較しても、あまり意味はない。そこで、この数字をそれぞれの自治体の人口で割った数、すなわち人口一人あたりの額に直してみよう。

二〇一九年の横浜市の人口は約三七五万人、平谷村の人口は四〇一人となっている（住民基本台帳）。先ほどの歳出総額をこの人口で割ると、横浜市の一人あたり歳出額は四七万円、平谷村では二一九万円となる。人口比で見ることで、二〇〇〇倍であった両者の差が五倍弱に縮小する。さらに両者の数字の順位が逆転することも特徴的である。

ただし、人口一人あたり額を比べても、同じ水準の比較とは言い切れない。自治体が提供するサービスや公共施設のコストは、その利用者数（つまり人口）が多くなるほど費用が下がる「規模の経済性」を持つからである。平谷村の一人あたり歳出額が横浜市の五倍であるからといって、平谷村の住民が横浜市の五倍の公共サービスを受け取っているとはいえない。そのため、比較対象として同じような人口、産業区分、法規区分に分類されるグループの中で比べることが大事である。

グループ内の相対的な規模を評価するために、本書では「偏差値」という指標を用いる。偏差値とは対象の、グループ内での「相対的な水準」を示す数値である。例えば、四四歳日本人男性Aさんの身長は「絶対的な数値」である。一方で、四四歳の日本人男性というグループ内でAさんの身長が高いのか低いのか、というのは「相対的な水準」である。Aさんの身長が偏差値五五だとすると、Aさんの身長は、四四歳日本人男性の中で平均値よりもやや高い水準にあるということがわかる。なぜなら、偏差値五〇は必ずあるグループの平均値と一致するからである。

本章は、大阪市において行われた政策の特徴を、財政データから浮かび上がらせることを目的にしている。そのために、人口一人あたり額と、その政令市内での偏差値という二つの財政データを用いることにしたい。

†大阪維新が運営する「大きな政府」

図4-1と図4-2は、それぞれ大阪市の人口一人あたり歳出総額と、二〇政令市のグループ内での偏差値を表したものである。ここでは具体的な比較対象として、政令市の中でも大阪市と人口規模が近い横浜市と名古屋市の数字も併記した。

人口一人あたり歳出総額を示した図4-1から、端的に次のことが読み取れる。

①大阪市の人口一人あたり歳出は政令市平均、横浜市、名古屋市の二都市よりも上振れしている。

②横浜市や名古屋市の規模は政令市平均の近くにある。

図 4-1　人口一人あたりの歳出総額（千円）

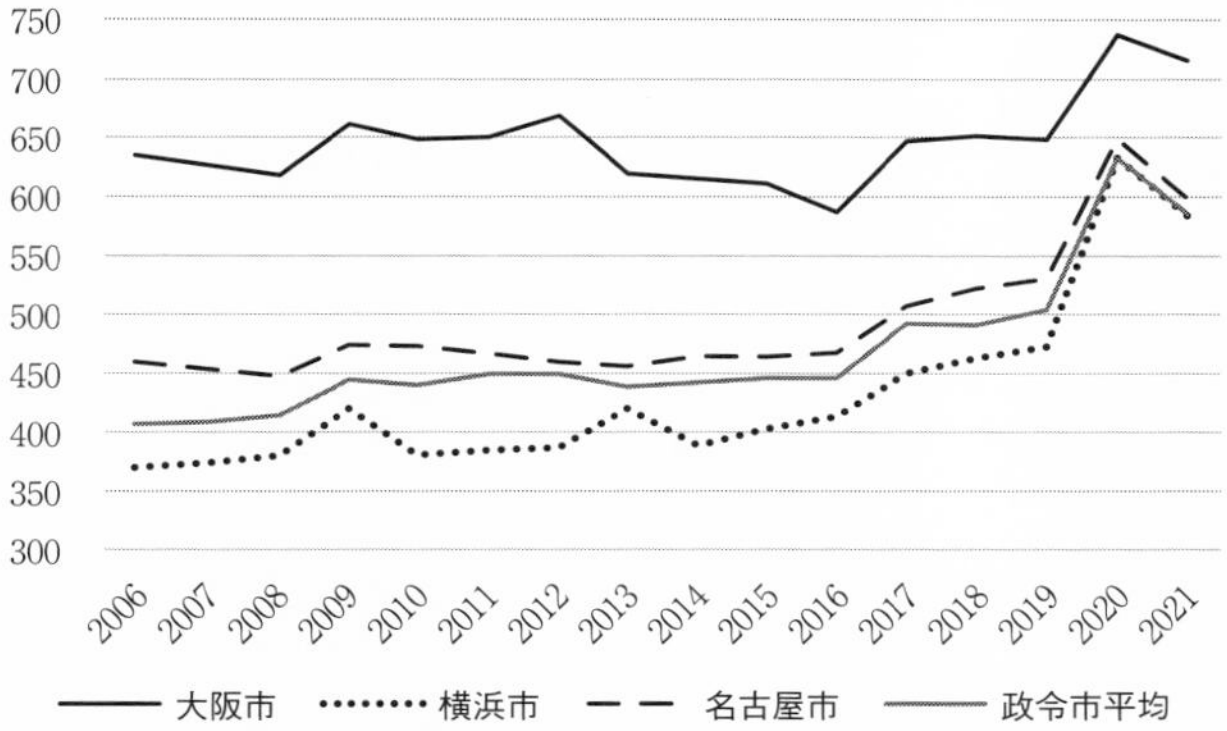

出典：総務省 e-Stat『地方財政状況調査　市町村分』「性質別経費の状況（0003172927）」および『住民基本台帳に基づく人口、人口動態及び世帯数調査』「【総計】市区町村別年齢階級別人口（各年版）」より筆者作成。

図 4-2　人口一人あたりの歳出総額（偏差値）

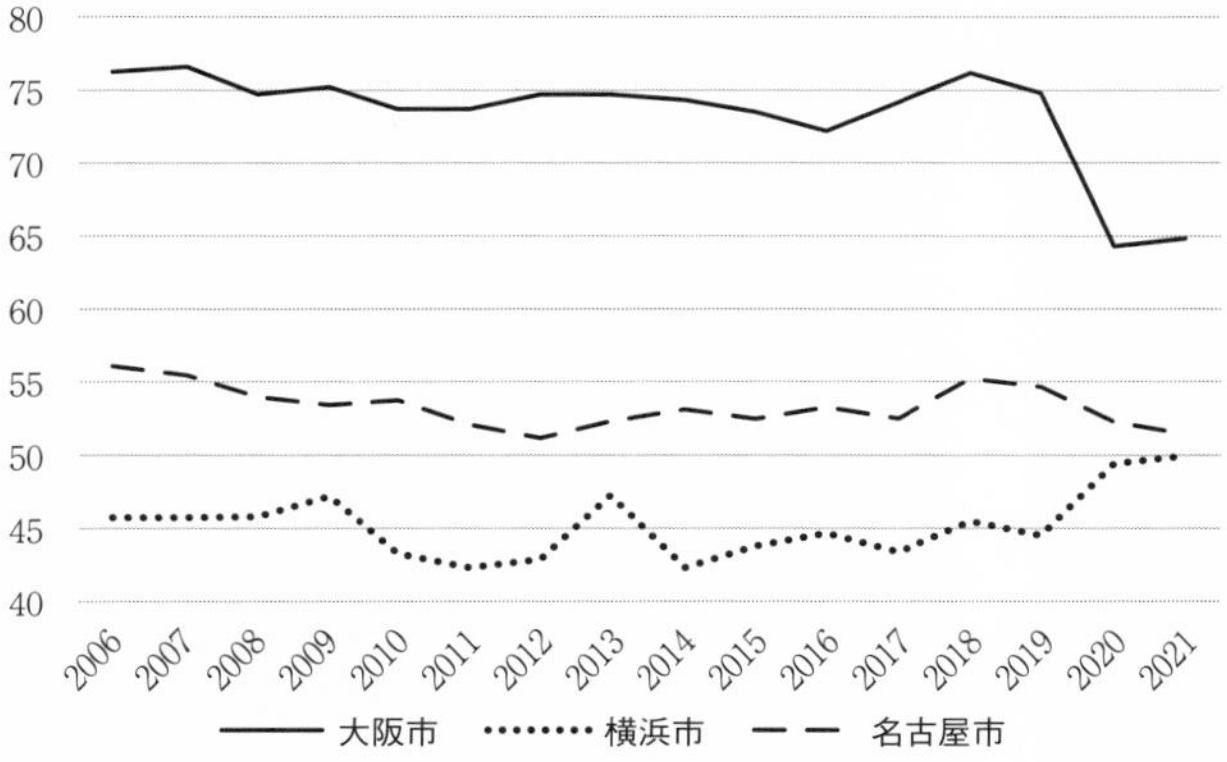

出典：図 4-1 に同じ。

③二〇一六〜一七年度間と二〇一九〜二〇年度間に歳出規模が三市いずれも増加している。

大阪市の人口一人あたり歳出額が、同規模の都市や政令市平均よりも高いことはこの図からも読み取れる。しかし、この図の情報だけでは、大阪市の人口一人あたり歳出額の水準がグループ内でどの程度大きいのか判別できない。

図4-1のデータを偏差値に変換した図4-2を見ると、③で指摘した二つの時期が、それぞれ異なる変化であることがわかる。二〇一六年度から一七年度の人口一人あたり歳出総額の増加は、偏差値で見ると三市いずれもその水準がほとんど変わっていない。二〇一九年度から二〇年度の増加では横浜市の偏差値が上昇、名古屋市の偏差値はほぼ横ばい、大阪市の偏差値は一〇近く低下している。

偏差値で見ると、二〇一六年度から一七年度の歳出額の変化は政令市全体の増加であり、二〇一九年度から二〇年度の変化は自治体ごとに増加の意味が違うことがわかる。

二〇一六年度から一七年度の変化は、都道府県が所管していた教員給与負担の事務責任と権限が、政令市に移管されたために生じている。政令市の財政から支出される教員給与が一律に増えたため、すべての政令市で人口一人あたりの歳出水準が増加した。この変化はすべての政令市で同じように生じたため、相対的な順位が大きく変わらなかったのである。あるグループのメンバー全員の身長が、同じだけ伸びれば順位が変わらないことと同じである。

二〇一九年度から二〇年度のコロナ禍の期間は、各都市の偏差値の変化に明確な違いがある。大阪市の人口一人あたり歳出額の偏差値は、コロナ禍において以前の水準から低下している。これは、コロナ禍の期間の大阪市の人口一人あたり歳出額の伸び幅が、他の政令市と比較して相対的に小さかったことを表している。他の政令市が、人口一人あたり歳出額を大阪市の水準よりも伸ばした結果、大阪市の順位が相対的に下がったのである。

偏差値による変化は、水準の高低だけでなく、時間的変化において特定の自治体の動きがグループ内で同じように生じたのか、独自に生じたのかを評価する指標として使える。

すでに確認したように、大阪市の人口一人あたり歳出額は、額も規模も図で確認した期間中、政令市の中では相対的に高い水準にあった。それは、橋下徹が市長に当選した二〇一一年度以前も以後も一貫している。つまり、大阪維新の会が行財政運営を行って以降も、大阪市は「大きな政府」であったということである。しかし、維新以前以後ともに「大きな政府」であったとしても、その中身が同じとはいえない。

本章の分析では、大阪維新の会による「大きな政府」の運営が、過去のものと明確に異なる点を明らかにする。具体的には、①公務員改革、②財政の民営化、③財政赤字や借金（公債）への対応、④教育費や社会保障支出の内容、⑤土木事業の支出傾向という、五つの財政関連データの変化を読み解いていく。

このうち、①から③については、いわゆる「身を切る改革」に関係している。政府歳出を削減する分野は、いかにも維新の会の新自由主義的性格、小さな政府指向を表すもののように思える。

そして「身を切る改革」で捻出した財源をどのように配るのか、教育費や社会保障、土木事業などの歳出に関係する④や⑤から、維新の会の財政運営における配分方法の特徴を読み解いていく。財政規模が大きいままならば、「身を切る改革」で生じた財源は、何らかの分野に振り分けられているはずである。その領域を詳細に確認することで、維新の会の政策の財政的性格を描き出すことにしたい。

† 「中之島一家」とは何か

二〇一二年一月の大阪市議会において、大阪維新の会所属の議員は、就任直後の橋下徹市長に対して、次のような言葉を投げかけた。「大阪の発展を阻害してきた中之島一家《なかのしまいっか》の解体・再編です」（二〇一二年一月一一日、平成二三年度大阪市議会第二〇回定例会）

「中之島一家」（あるいは「大阪市役所一家」などとも称される）とは、大阪市以外の読者には馴染みのない表現であろう。あえていえば、国の官僚組織やこれに連なる利権構造に対してしばしば使われる、「霞ヶ関」という表現にこの言葉は似ている。

大阪市北区中之島に大阪市役所があることから用いられているこの言葉は、大阪市における既存政党、公務員組織や外郭団体、地域活動協議会などの地縁組織をトライアングルとする既得権益の配分構造を指している。中之島一家は、首長選挙では保革相乗りで統一候補を応援する一方、それぞれの政党が既存の中間組織、たとえば旧社会党系であれば公務員の労働組合、自民党系であれば地縁組織や企業組織、関係する公的外郭団体が財政配分に強い影響力を持っているとする構図である。

民主的に物事を決める上で、選挙だけでなく地縁組織や労働組合、経済団体などの中間組織も重要な役割を持っている。中間組織は、直接民主制の機会である選挙だけでは集められない民意を集約するレンズの役割を果たすからである。ただし、中間組織の財政に対する影響力が大きいと、そうした組織との結びつきを持たない市民は、納税者でありながら財政の決定プロセスに関わる機会が少なくなってしまう。その結果、中間組織に対して潜在的な反感が強まるようになることは想像に難くない。

大阪維新の会の財政運営を読み解く上で、維新が展開する中之島一家批判という特徴は無視できない。

†公務員組織の縮減

「身を切る改革」の最初の標的となったのは、大阪市の公務員組織であった。橋下市長就任前、二〇一〇年度時点の大阪市の職員数（普通会計職員）は二万五一三一人で、大阪市の人口一〇万人あたりの職員数は九九二人であった。二〇二二年度にはこれが三万三二七六人、人口一〇万人あたりの職員数は一二一八人となっており、絶対数はいずれも増えている。では、大阪維新の会は、中之島一家の解体を掲げながらも、実際には公務員に対して寛大な態度を示したのであろうか。

答えはノーである。多くの政令市は、二〇一六年度から一七年度の義務教育課程の教員数の増加に伴って、一般会計職員の数が自然増している。二〇一六年度の政令市の人口一

図4-3　人口10万人あたり普通会計職員数（偏差値）

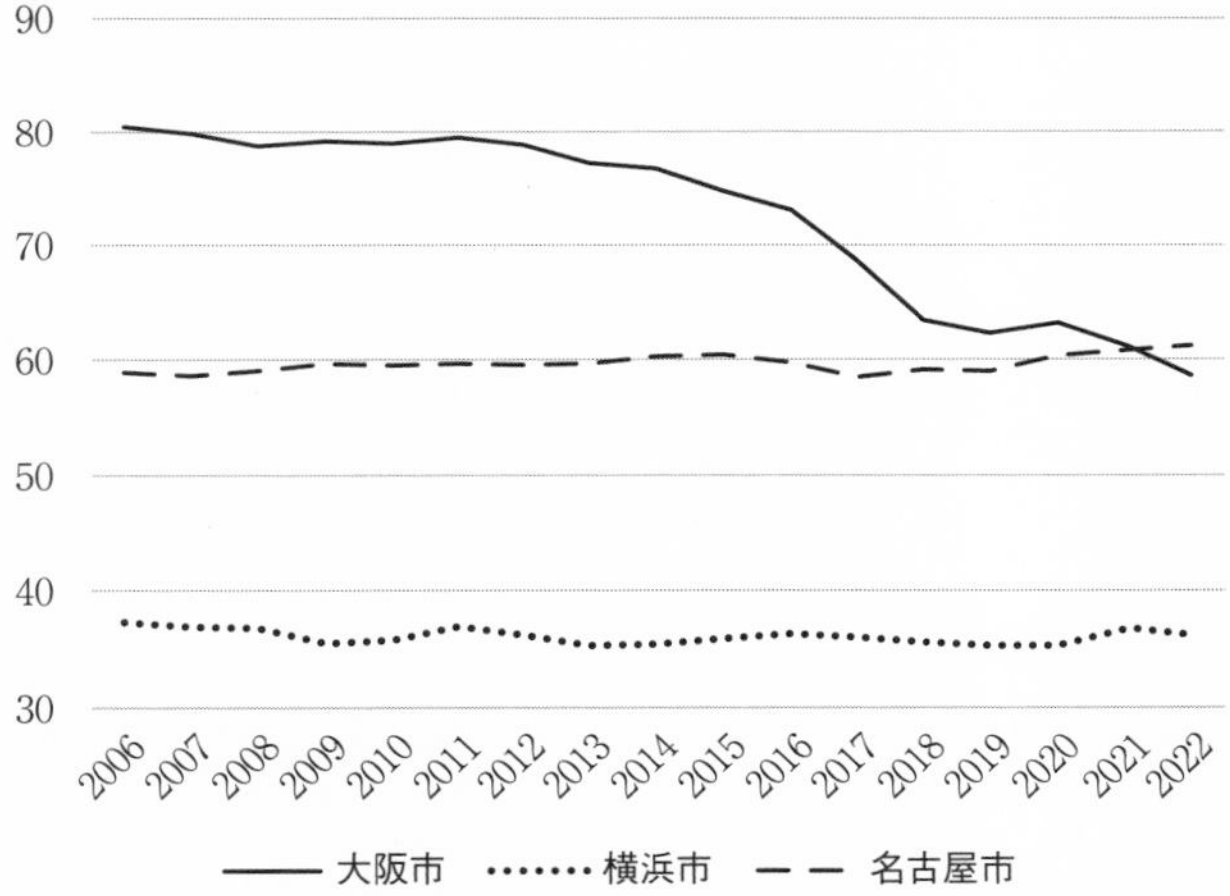

出典：総務省 e-Stat『住民基本台帳に基づく人口、人口動態及び世帯数調査』「【総計】市区町村別年齢階級別人口（各年版）」、総務省ホームページ『地方公共団体定員管理関係（各年版）』より筆者作成。

○万人あたり職員数は六五二人であったが、二〇一七年度には一〇七九人まで一気に増加している。二〇二〇年以降は、コロナ禍への対応もあり人口一〇万人あたりの職員数は平均して増加傾向にあった。それまで横ばい、ないし若干減少傾向にあった職員数は、コロナ禍において人口一〇万人あたり一〇人程度ずつ増加している。

　二〇一九年度から二二年度の間で、人口一〇万人あたりの一般会計職員数は、政令市の平均でおよそ六一人増加した。横浜市では五六人、名古屋市では八九人、この

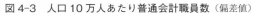

間職員数を増加させているが、大阪市はこの増加が三九人にとどまっている。コロナ禍という非常時において、大阪市は他の政令市と比較しても、職員数の増員を抑制したことがわかる。こうした特徴を如実に表すのが偏差値といえる（図4－3）。

二〇一〇年度の大阪市の人口一〇万人あたり職員数の偏差値は七八であった。この時期までの大阪市の公務員数は、他の政令市と比較しても大きく上振れしていたことがわかる。同じく二〇一〇年度の横浜市の偏差値は三六、名古屋市は五九であった。二〇二二年度になると大阪市の偏差値は五九にまで低下する。この間、横浜市は偏差値三五、名古屋市は六一と大きく変化しなかった一方で、大阪市の職員数の水準低下は特徴的だといえる。

職員数の相対的水準が低下したことは、歳出面にも影響を与えている。図4－4を通じて、相対的な職員数の減少が財政に与えた影響を見ておこう。

大阪市の人口一人あたりの人件費（公務員給与）は二〇一〇年度時点で約九万五〇〇〇円（偏差値七四）と、他の政令市と比較すると高い水準にあった。二〇二一年度時点の大阪市の人口一人あたり人件費は一一万二〇〇〇円、一〇年間で七〇〇〇円程度増加している。しかし、全政令市の平均値はこの間で六万八〇〇〇円（二〇一〇年度）から一〇万六〇〇〇円に増加している。

図4-4　人口一人あたり人件費（偏差値）

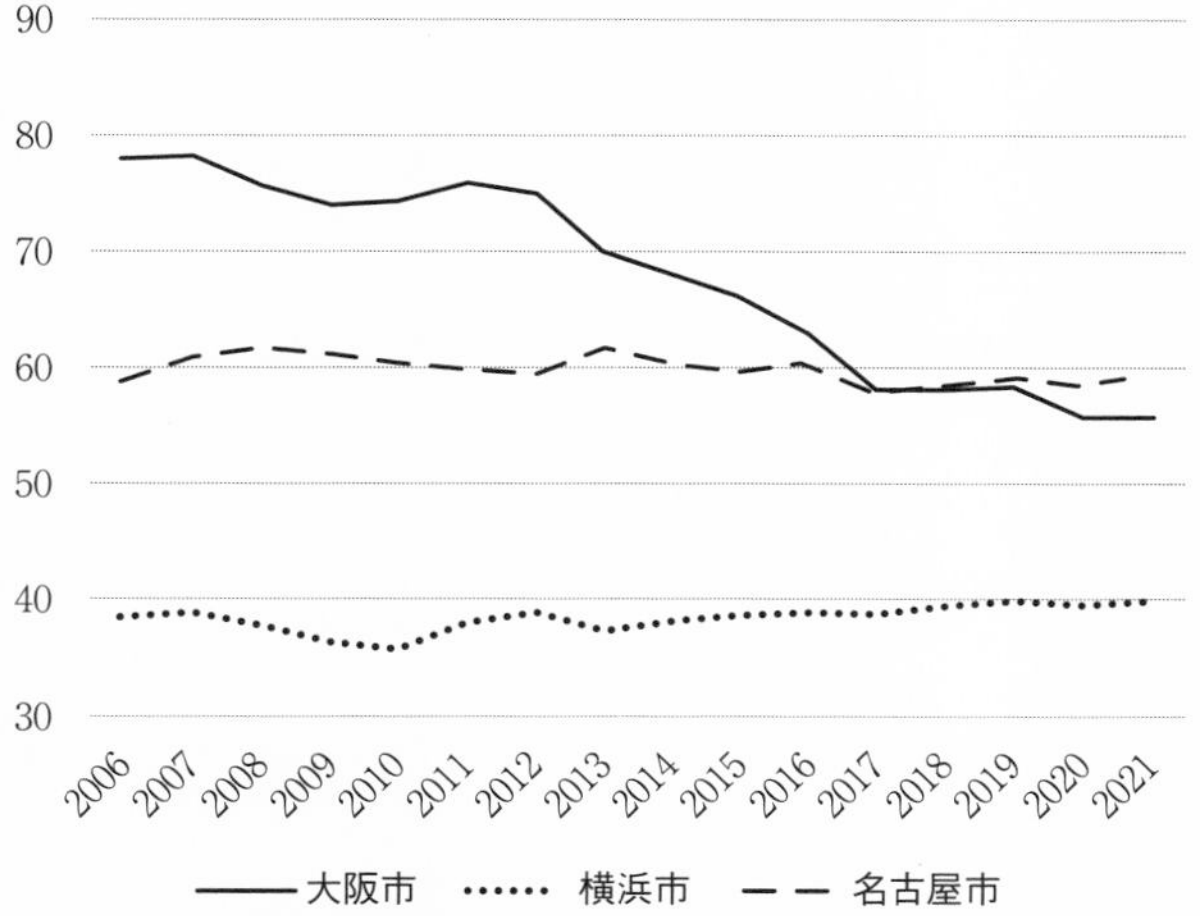

出典：総務省 e-Stat『地方財政状況調査　市町村分』「性質別経費の状況(0003172927)」および『住民基本台帳に基づく人口、人口動態及び世帯数調査』「【総計】市区町村別年齢階級別人口（各年版）」より筆者作成。
注：人件費は投資的経費の人件費（b）を除く人件費（a）の数値を使用している。

この結果、大阪市の予算における人件費の規模は、偏差値で見ると七四（二〇一〇年度）から、五六（二〇二一年度）まで低下した。同じく横浜市が三六から四〇に上昇し、名古屋市が六〇から五九に低下しているが、人口規模の似た他の都市がほとんど横ばいで推移したことと比較すると、大阪市の人件費水準の低下が劇的であったことは明らかである。

二〇一一年度以降、大阪市の人口一〇万人あたりの職員

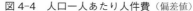

数の水準と、歳出における人件費の規模は一貫して低下していった。二〇二一年度時点では、いずれの水準も政令市の平均程度にまで低下している。公務員の規模で見た場合、大阪市は一〇年で別の自治体に変貌したともいえる。急激な縮小は、二〇一一年以降、つまり大阪維新の会の首長が市政を運営するようになってからである。中之島一家批判の矛先が、主に公務員に向けられたことを思い起こせば、維新の会は実際に、公務員組織の縮減という手段を用いて改革を進めたこととなる。

続いて、中之島一家批判のもう一つの矛先である、外郭団体への予算にいかなる変更がなされたのか見ていこう。

†委託経費の構造変化

大阪維新の会が批判した「中之島一家」という既得権益の構図のうち、公務員と並んで批判の対象とされたのが財団法人などの外郭団体である。なお、維新の会が二〇一二年時点で公表している政策集(マニフェスト)でも、外郭団体を天下りの温床とし、その数を大幅に縮小させることや、後述する入札方法を随意契約から原則競争入札に切り替えることを目指すことが明言されている。(3)

日本では従来から、公務員がすべての業務を担うのではなく、外郭団体が自治体から委託費という形で予算措置を受けて非営利事業を担い、都道府県や市町村にかわって公的サービスを提供することが少なくない。そしてこの外郭団体の職員には、定年後の公務員が再任用されるケースも珍しくなかった。

国における公益財団法人への委託費を通じた事業の外注や、組織人事における公務員や官僚のいわゆる「天下り」が問題視されたのが二〇〇〇年代初頭のことである。大阪市において二〇一〇年代に展開された外郭団体批判も、国の「天下り」批判と根底にある問題意識は共通しているといえるだろう。大阪市の財政改革に関する報告書では、公的部門の改革と称して外郭団体の数を縮小することが明記され、二〇〇五年に一四六あった組織数は、二〇二一年までに一五に減少した(4)。

公的な外郭団体と行政とのつながりを確認するには、行政が組織に対して行う委託経費の構造を見ることが重要である。筆者は、維新の会躍進以前の二〇一〇(平成二二)年度と、維新市政が確立して一定期間が経過した二〇一七(平成二九)年度の二つの時期を比較することで、外郭団体と財政との関係がどのように変化したかを分析した。なお、このデータは大阪市ホームページの決算統計において、各課、各区で個別に公開されている委託費一覧を筆者の手で統合・集計した結果に基づいたものである。二〇一〇年度の大阪市の委託費の件数は全体で一万一〇九〇件、総額約九二二億円である。二〇一七年度は一万三六〇〇件、総額約一〇〇〇億円であった。八年間で、委託の件数、総額ともに微増している。公的部門が業務委託を行う手続きには、競争性の高い一般競争入札から、事業者の特殊な技能を重視するため競争性を下げて発注を行う随意契約まで、幅広い方法が存在する。

大阪市における事業委託費について、二〇一〇年度と一七年度を比較すると、指名入札や特定随意契約といった競争性の低い入札方法の割合が減少し、競争性の高い一般競争入札の割合が上昇した（図4－5）。二〇一〇年度の一般競争入札の総額はおよそ七七億円であったが、二〇一七年度には約二〇〇億円まで増加している。反面、競争性の低い契約方法である公募型指名競争入札や指名競争入札の額は大幅に減少した。

一見、一般競争入札により競争性が高められることで、合理的な委託発注が行われたかのように見える。しかし、後で述べるように特定随意契約における事業受託者の構成などを考えると、大阪市において近年行われた委託経費のあり方が望ましいものなのかどうかについては再考が必要であろう。

図 4-5　委託経費の受託方法に関する構成比

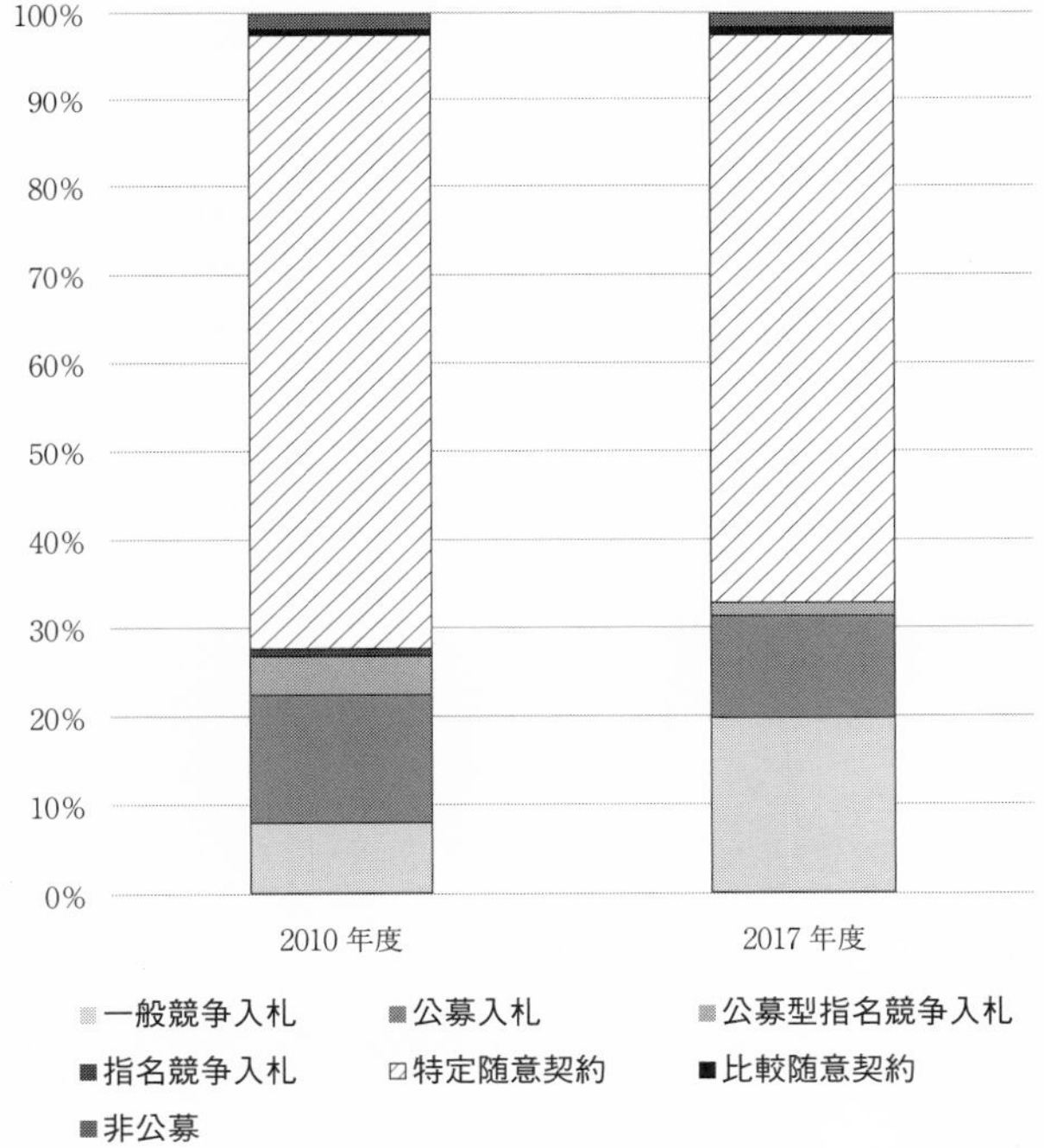

出典：大阪市ホームページ『決算（一般会計・特別会計）平成 22 年度決算　委託料支出一覧』（https://www.city.osaka.lg.jp/zaisei/page/0000149537.html［最終閲覧日：2021 年 9 月 2 日］）および『決算（一般会計・特別会計）平成 28 年度決算　委託料支出一覧』（https://www.city.osaka.lg.jp/zaisei/page/0000414373.html［最終閲覧日：2021 年 9 月 2 日］）より筆者作成。
注：データは大阪市の各課と各区の委託料の個票を筆者が再集計したものに基づいている。

図4-6　特定随意契約の受託事業者の性質構成比

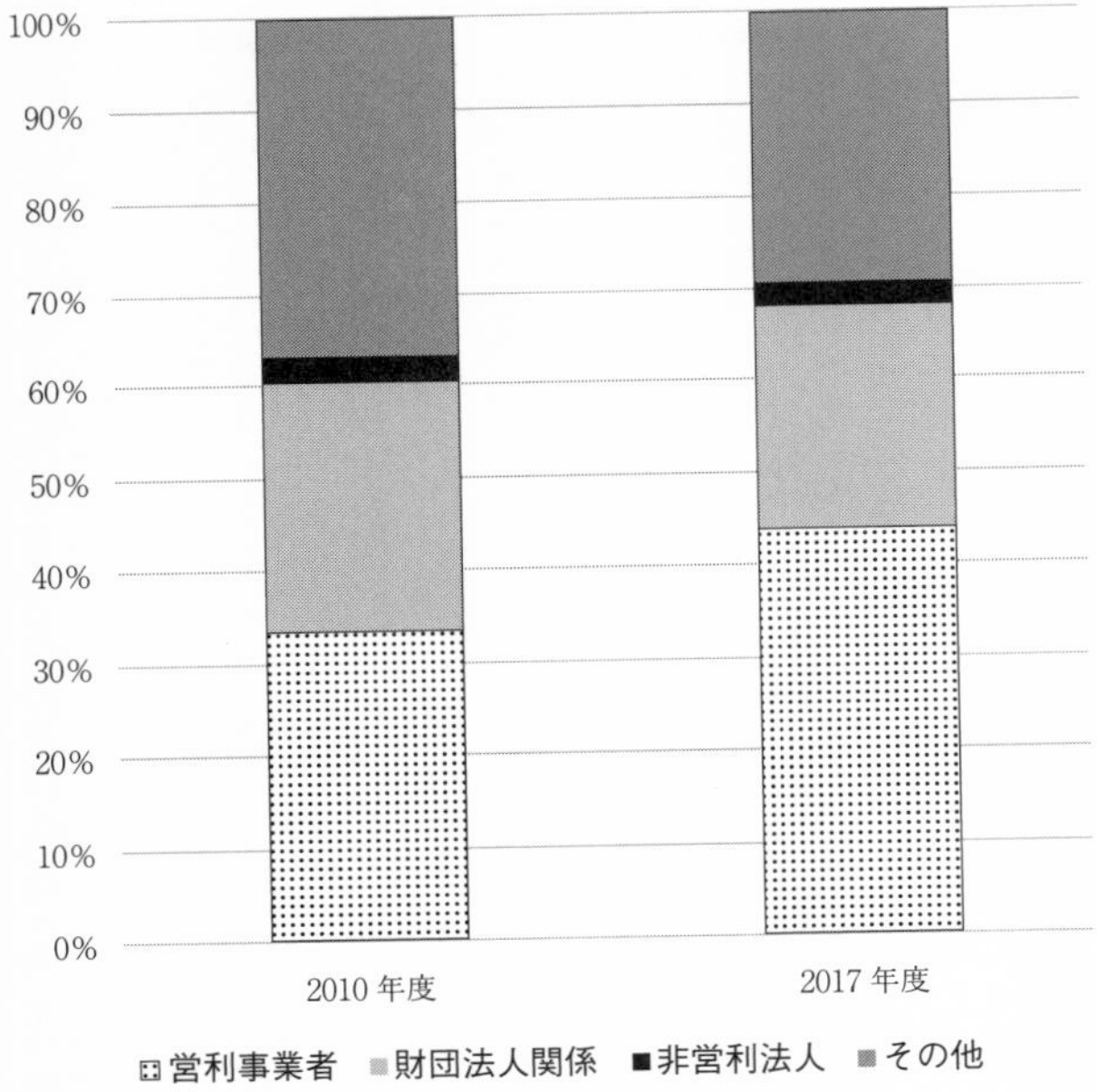

出典：図4-5に同じ。

二〇一〇年度と一七年度の間で、ともに大きな額の変化がなかった特定随意契約を精査することで、維新の会における「改革」の内実に触れておこう。

二期の特定随意契約の総額は、約六三九億円（二〇一〇年度）と、約六三八億円（二〇一七年度）となっている。特定随意契約とは、事業者が持つ技術などの特性から、競争的な入札方法をとらずに特定の事業者に優先的に事業を受託させる方法である。一定の入札が行われることもあるが、一般競争入札制度よりも競争的な性格は薄れる。維新の会による大阪市政の前後で、特定随意契約の総額は大きく違わない。一方で、一般競争入札が増えている。この事実だけを取り出すと、維新の会の改革が競争原理を導入し、税金をより効率的に使おうという意識に沿っているように見える。しかし、特定随意契約の内訳を見ると、別の評価が浮かび上がってくる。

図4−6は、特定随意契約の委託先の事業者の属性を、営利事業者とそれ以外で分けたものである。営利事業者には、株式会社、有限会社などの会社組織のほか、共同事業体等が含まれている。二〇一〇年度の特定随意契約の受託者のうち、営利事業者の割合は三三・六%であった。二〇一七年になると、この割合は四四%に上昇する。

さらに、特定随意契約の事業者別の受託額の上位二〇事業者の構成を見ると、二〇一〇年度の段階では民間事業者は五事業者に過ぎなかった。その他の受託者は、財団法人や社会福祉法人、特定非営利法人などの非営利事業者によって占められていた。

二〇一七年度には、上位二〇事業者のうち非営利事業者の数は九に減り、過半数が営利事業者によって占められるようになった。二〇一〇、一七年度いずれも上位二〇事業者の受託額総額は四〇〇億円程度となるが、営利事業者の占める割合は八年間で二二・六％から四二・六％と、ほぼ倍となった。

†「官から民へ」の経済的意味

この変化の経済的な意味について考察しておこう。大阪市の事業を、大阪府内にある外郭団体が落札した場合は、少なくとも大阪府内で資金が循環する。一方、民間事業者が落札した場合、事業者はその落札事業から利益を確保する必要がある。その利益が、大阪府内や関西経済の内部で循環するかは、事業者の資本構成に依存する。仮に本社が東京など、大阪以外の地域にある企業が事業を落札すれば、企業の純利益は本社の所在地域に流出することになる。経済循環を考慮すると、営利事業者が落札額を増やすことが本当に大阪や関西の地域経済のためになるのかについては、注意を要するのである。

また、二〇一七年度の落札事業者の中には、二〇一〇年度の時点では存在しなかった大手の人材派遣業者の業務も含まれている。こうした人材派遣業者が落札した事業の多くは、大阪市の各区における窓口業務等の受託事務や、市民情報管理事業などである。

公務員数の減少を、相対的に安い労働力である派遣社員によって補うのは、納税者にとって望ましい政策内容かもしれない。実際、第三章で見たように、大阪にかぎらず日本全体で「公務員を減らす」政策を評価する声は少なくない。しかし、公務員数を削減し、その業務を不安定な派遣労働に置き換えることが、本当に私たち自身にとって望ましい政策なのであろうか。

地域経済の循環の視点からいえば、公務員という安定的な雇用を派遣社員という不安定な雇用に置き換えた分だけ、安定的な消費者の数が減少することになる。実際、後述するように、維新の会による「大阪の成長を止めるな」という掛け声の一方で、大阪府内の雇用者報酬の相対的な水準は停滞している。

中之島一家という仮想敵への攻撃は、公務員数の削減、営利事業者の財政部門への関与の増加という政策に結実した。委託費に関しては、非営利部門に対して配分されてきた財が削られ、民間部門に付け替えられた。「身を切る改革」とは、このように従来配分されてきたものを削り取ることを意味する。

「身を切る改革」においては、無駄な歳出ばかりでなく、これに関連して自治体の借金にも批判の矛先が向けられてきた。続いて、大阪市の財政運営について、自治体の借金である地方債の残高と、新規の市債発行の抑制がもたらした大阪市債務の圧縮の実態を確認しておこう。

†大阪維新の会の均衡財政主義

大阪維新の会が掲げた政策方針で、中之島一家の解体と同時に重視されたのが、歳入と歳出を均衡させる均衡財政主義であった。あるいは「身の丈に合った財政運営」と言い換えられるかもしれない。

大阪維新の会の共同代表を務めた橋下徹は、財政問題に関してたびたび発言してきた。最も象徴的なのは、二〇〇八年に橋下が大阪府知事に当選した後、二月に「財政非常事態」を宣言し、府職員に対して「破産会社の従業員」という発言を行ったことだろう。大阪市における負債の水準に関する市議会の審議でも、当時市長であった橋下は、次のような言葉を残している。

この点について議会の皆さんに御認識していただきたいことは、前市長時代に大阪市は市債がどんどん減っていると、一方、大阪府は府債がどんどんふえているということを前市長がしきりにいろんなメディアで公言をしていたこともありますが、(…)これま

で大阪市はどんどん減ってきた、大阪府はふえている、これは全くの誤りです。(二〇一二年一〇月一二日)

実際、大阪市の債務をめぐる数字は、大阪維新の会が市政運営を始めた二〇一一年度以降、特徴的な動きを見せるようになる。歳出の面では、先ほど確認した一人あたり歳出で見た人件費の低下に対して、一人あたり公債費が急上昇した。特に二〇一二年度から一八年度の七年間では、自治体の借金返済に相当する公債費の水準は偏差値八〇の水準で推移し、他の都市と比較しても極めて高い状態が続いた。

同時に、新規の地方債発行の水準も低位に推移した。歳入における偏差値で見ると、二〇一一年度以前では大阪市の一人あたり地方債収入(借金で調達した予算の規模)は、偏差値六〇から五五で推移していた。これは、他の政令市と比較して、大阪市は地方債による歳入規模が相対的に大きかったことを意味する。その水準が、二〇一二年度以降、すなわち維新市政が確立してからは、偏差値五〇を下回ることになる。

つまり、大阪市の歳入に占める地方債による資金調達の水準が、政令市間の平均値を下回ったことになる。この状態は、以後、コロナ禍の二〇二一年度まで続くことになる。二〇一四年度から二〇年度までの七年間の一人あたり地方債歳入の水準は、一貫して平均値を下回ってきた。こうした借金の返済と、借金による資金調達の抑制の効果を顕著に表すのは、地方債現在高の水準である。

図4－7は大阪市、横浜市、名古屋市の地方債現在高の推移である。この図は、わかりやすいえば、地方自治体の借金残高を表している。大阪市の地方債残高は、二〇〇四年度に二兆七一一二億円の水準を最高として、以降、二〇一一年度までは毎年一〇〇〇億円弱の水準で減少していった。

大阪維新の会による市政確立以降、地方債は大幅に減少している。それまで多い年でも一〇〇〇億円規模の返済であったものが、二〇一二年度以降は毎年一五〇〇億円以上、多い年（二〇一五年度）には一九〇〇億円と、それまでの水準のほぼ二倍に相当する額が、返済されていった。この結果、二〇一五年度には横浜市を、そして二〇一九年度には名古屋市の債務残高の水準を下回るまでに起債残高が減少した。二〇二一年度には、かつて三都市の中で最も大きかった地方債現在高は、ついに最低水準となった。

大阪維新の会が、債務水準をコントロールし、借金を減らす財政運営を行ったのは間違いない。地方債という自治体の借金の返済スピードを上げ、新規の借金（起債）を抑制す

図 4-7　地方債現在高の推移（臨時財政対策債除く、十億円）

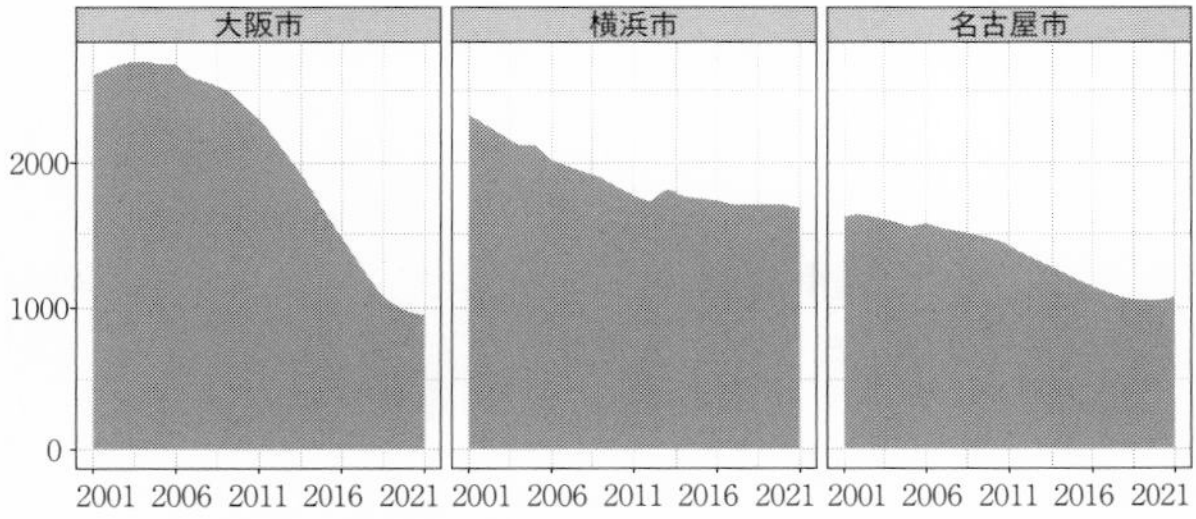

出典：総務省 e-Stat『地方財政状況調査　市町村分』「地方債現在高の状況　市町村分（0003172981）」より筆者作成。

ることで、債務残高の水準を過去二〇年の中で最低水準まで下げることに成功したのである。

大阪維新の会による、公務員制度改革、外郭団体改革など一連の「身を切る改革」は、積極的な債務返済に結びつき、政令市内でも最低水準の債務残高という結果につながった。

大阪維新の会の市政運営によって、「大きな政府」であった大阪市の財政状況には、以上のような質的変化がもたらされたのである。こうした財政運営が、第三章において見た、市民の政策に対する選好と整合的であることは無視できないだろう。維新の会の財政運営を、単なる新自由主義的な「小さな政府」と切って捨てることはできない。

†教育費をどう変えたか

日本の教育費負担は、国際的に見て自己負担の割合が高い。家計における子どもの養育費負担が、少子化の要因となっているという批判も少なくない。

大阪維新の会は二〇一〇年代後半から、家庭の教育費負担に対する地方財政独自の支援の拡充を強調している。とはいえ、維新の会は、教育費の公的支援について一貫して手厚い方針を示していたわけではない。大阪府知事時代の橋下徹は、府による修学支援補助の私学に対する減額に抗議した生徒や保護者に「今の世の中、自己責任だ。保護されるのは義務教育まで。希望の学校へ入れないと不満があるなら海外の学校へ行けばよい」と、にべもない言葉をかけている。

橋下によるこの発言は、維新の会結党以前の二〇〇八年一〇月二三日のものであるとはいえ、同党の象徴的存在であった橋下の過去の思想を思い出せば、現在の維新の会が推進する教育政策のスタンスは、一八〇度の方針転換があったと言っても過言ではない。例えば、二〇二三年二月議会の三月一日の吉村知事の発言が象徴的である。少し長いが、ここで引用しよう。

私立高校等授業料無償化制度につきましては、制度創設以降、順次支援対象となる世帯や支援額等を拡充し、これにより家庭の経済事情にかかわらず自由に学校選択ができる機会を保障していこうということで、大阪の教育力向上に努めてまいりました。

子育てにおいては、多額の教育費がかかります。ただ、子どもへの教育というのは、本人自身の可能性を高めるだけじゃなくて、最終的には社会全体に還元されるものだと思っています。

こうしたことから、これまでの授業料無償化制度の趣旨をさらに推し進め、教育は無償であるべきという社会に少しでも近づけていきたいと思っています。

大阪の子どもたちが授業料を心配することなく、行きたい学校を目指すことができ、行きたい学校で学ぶことができる、自分の可能性を追求できるように、所得や子どもの人数に制限なく、私立、公立とも高校授業料無償化にしたいと考えています。

ただ、これを実現するためには、多額の財源が継続的に必要になりますし、これは大きな大阪府にとっての方向性を示すということになると思います。ですので、選挙の公約に掲げて、府民の皆さんに問いたいと考えています。

近年の大阪維新の会が教育費の公的負担に対していかに積極的であるかは、この発言からも明白といえる。また、近年の維新の会の教育政策で無視できないのが、給付における所得制限の撤廃である。

†選別主義と普遍主義

教育や社会保障は、政府が供給する財の代表のように思われている。しかし、経済学の考え方に基づくと、こうしたサービスは政府だけが供給できるものだとは言い切れない。経済学は、企業や個人など私的な経済主体が取引を行うことを前提に理論を組み立てている。しかし、必要ではあるものの、私的な経済主体が取引を通じて供給すると問題が生じる商品がある。この商品を、経済学では「(純粋)公共財」と呼ぶ。

公共財は、財がもつ非競合性と非排除性という特殊な性質から、私的な経済主体間で取引させることが難しいとされる。非競合性とは、誰かが消費しても、他の誰かの消費できる量が減らないことを指す。例えば、リンゴは誰かが食べると、他の人は食べることができない。これが、競合するということである。では、非競合とはどのような状態のことであろうか。よく例示されるのは灯台の明かりである。例えば、私が灯台の明かりを見たからといって、隣に立っている他の人が見ることのできる灯台の明かりの量は増えも減りもしない。このように、誰かが使うことで誰かの消費量が増減しないことを、非競合性と呼ぶ。

非排除性とは、取引を通じて財の消費を制限できないことを指す。再び灯台の明かりを例に考えてみよう。灯台の明かりを見た人から灯台の費用を徴収するとしよう。しかし、灯台の明かりは、灯っているかぎり誰でも費用を払わずとも見ることができる。灯台の明かりを見た人の中で、正直な人は灯台の費用を負担するかもしれないが、実際に見ていても見ていない、あるいは目に入らなかったと言って料金を払うことを免れることも可能である。このような「ただ乗り（フリーライダー）」を技術的に排除できない場合、非排除性が生じる。

以上のような性質を持つ財は純粋公共財と呼ばれ、一般に市場取引で供給することが難しい。そのため、必要とされる公共財は政府が税を徴収して必要量を供給する、というのが経済学の理論上の見解である。

公共財の性格を理解すると、教育や医療は純粋な公共財でないことがわかる。教育も医療も、混雑によってサービスが競合するし、料金などによって容易に排除が可能である。しかし、教育は人間が社会で生きていく上で、最も重要なサービスの一つである。医療は、まさに人間の生死にかかわる喫緊のサービスである。

人間の生存と尊厳を担保する財サービスを市場取引に委ねると、もしサービスの必要量が満たされなければ、人間の生存そのものが危険にさらされることになる。純粋公共財にかぎらず、人間の尊厳や生命を守るための財サービスについては、政府や社会がその供給に責任を持つべきだとする考え方も、経済学や財政学には存在する。

公共財にも、教育や医療といった人間の尊厳や生命にかかわるサービスにも、共通点がある。それは、個々人の合理的な判断によってこうした財やサービスを取引すると、経済が停滞したり、人びとの生活の質が下がるおそれがあるということである。そのため、こうした財を供給する上では、個人の合理性だけによらず、民主主義や協議といった集合的な方法で財やサービスの供給量を決める必要がある。

この量を決定するにあたって重要となるのが、公共財の配り方である。政府が公共サービスを供給する際に、その提供の基本的な考え方として、選別主義と普遍主義という二つの考え方がある。自力ではどうしても十分に買うことができない困窮者だけに限定し、政府が教育や医療などの公共サービスを提供するという発想が選別主義である。一方、医療や教育は、所得にかかわらずすべての人にとって必要な基礎的ニーズであると考え、政府が国民全員に公共サービスを供給するのが普遍主義である。

大阪維新の会が進める、私立高校の授業料無償化やその所得制限の撤廃といった政策は、給付の方法としては普遍主義に立つ考え方といえる。

†普遍主義的な教育政策を読みとく

普遍主義に基づく支出には、選別主義よりも多くの財源が必要になる。維新の会が単なる「小さな政府」を指向しているとすれば、このような政策をとらないように思われる。しかし実際の配分を考えると、大阪維新の会が行う普遍的給付の方法には注意が必要である。

図4-8は大阪市が支出している教育費の人口一人あたりの偏差値である。ここでは特徴的な動きを示している小学校費、中学校費、特別支援学校費、教育総務費、そして全体合計の教育費総額の五つについて取り出している。まず、大阪市の人口一人あたりの教育費は二〇一一年前後を比較しても、大きく変わってはいないことがわかる。いずれの時期

図4-8　大阪市の人口一人あたり教育費支出（偏差値）

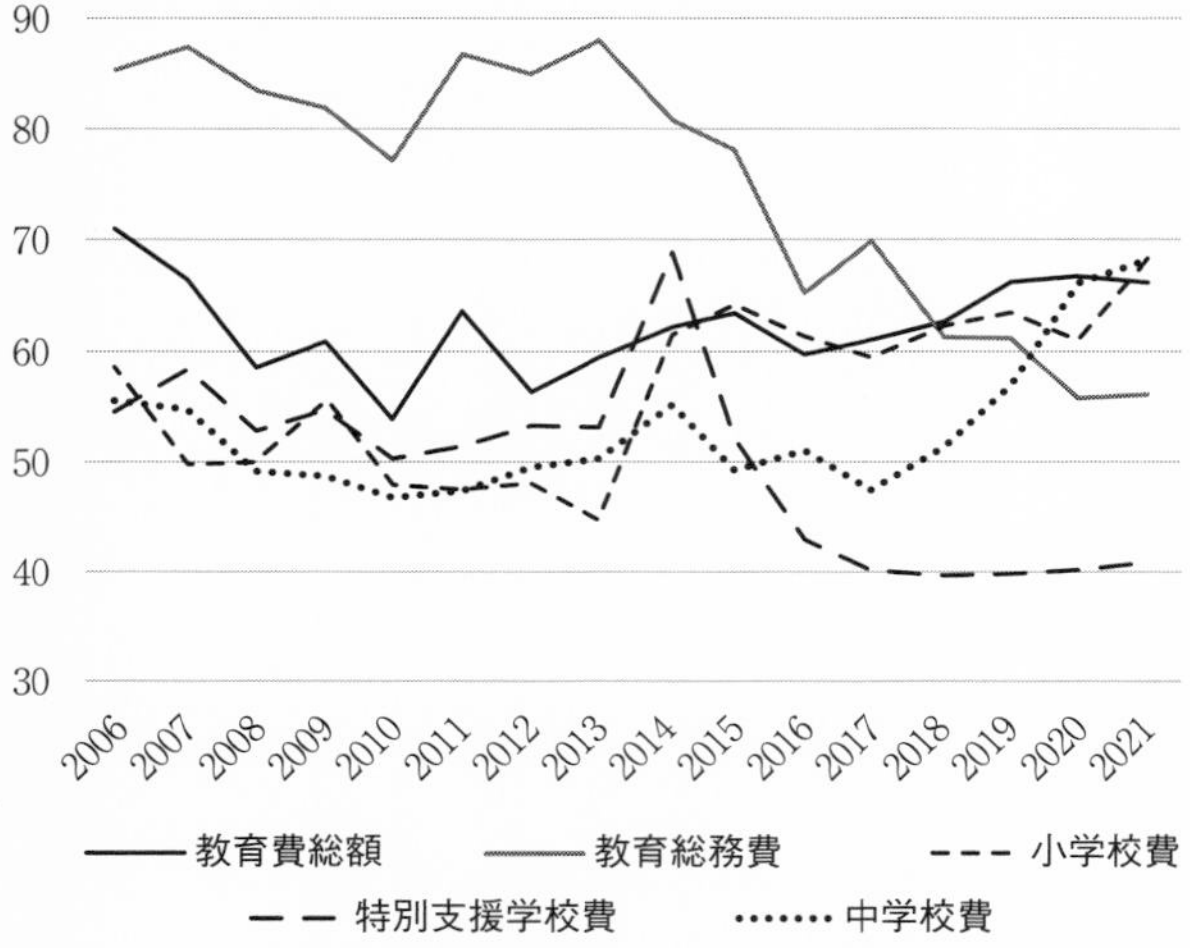

出典：総務省 e-Stat『地方財政状況調査　市町村分』「歳出内訳及び財源内訳（その5）教育費（0003172925）」および『住民基本台帳に基づく人口、人口動態及び世帯数調査』「【総計】市区町村別年齢階級別人口（各年版）」より筆者作成。

においても、大阪市の一人あたり教育費の水準は、他の政令市よりも高い。偏差値でいえば七〇近くで推移を続けている。

ただし、財政全体と同様に、二〇一一年前後で変化している。事務手続きや本庁の教育委員会業務などを扱う教育総務費の水準は、二〇一一年以前は偏差値八〇と他の都市と比べて極めて高かった。それが、二〇一三年以降は急激に低下し、二〇二〇年には横浜市以下の水準まで低下する。一方で、小学校費や中学校費は二〇一一年以降上昇し、偏差値六〇以上に届いている。

二〇一一年以前には、両者とも偏差値五〇ないし、それをわずかに下回る水準であり、小学校や中学校への支出は他の政令市の平均ないしそれ以下の状況が続いていた。二〇二一年の時点では、大阪市の小中学校への一人あたり支出の水準は横浜市や名古屋市を追い抜く水準になっている。

小学校や中学校への支出水準が上昇するなかで、低下した支出内容は教育総務費だけではない。障がいなどのため、就学に際して特別な支援が必要な児童・生徒が通う特別支援学校の運営費の人口一人あたり支出の偏差値は、一時的に急上昇したのち急落し、二〇一六年度以降四〇に張り付くようになった。ここでの数値は、偏差値の計算上数字があるように見えるが、実際には二〇一六年度以降、大阪市はそれまで運営していた特別支援学校をすべて大阪府に移管しており、結果、特別支援学校への支出はほとんどゼロに近い額となっている。

元々、特別支援学校の設置義務や権限は、都道府県にある。そのため、ほとんどの場合、特別支援学校は各都道府県が運営している。ただし、学校教育法第四条を根拠に、政令指定都市（指定都市）は都道府県の教育委員会への届け出のもとに、特別支援学校を設置できる。二〇一七年度以降は、政令市設置の特別支援学校の県費負担分教職員に対する権限が、政令市に移管されている。つまり、全国的には政令市設置の特別支援学校を、住民により身近な市による運営に任せるようになったといえる。

大阪府市で行われた改革は、こうした全国的な動向からは逆行しているのだ。たしかに、部門が大阪府に移管されただけで、大阪市内の特別支援学校は維持されている。しかし、第二章で指摘したように、一部の報道では大阪市が運営していた時代には計上されてきた教材費の加算が、府営移管後には廃止されており、まったく同じ内容で運営されているとは言い難いようである。(5)

以上のような教育費の質的変化から、大阪維新の会の次のような政策方針を読み取ることができる。教育総務費の削減は、公務員人件費抑制の文脈で理解できる。同時に、教育投資については重視されており、小学校や中学校教育への支出水準は他の都市と比較しても上昇傾向にある。しかし、重視されるのは、マジョリティ（多数派）に属するニーズであり、特別支援学校のようなマイノリティ（少数派）のニーズは相対的に軽視されている。「身を切る改革」と均衡財政を前提に、マジョリティを含めた普遍主義的なサービスを提供するためには、いずれかの予算を削り取り、全体に配り直す必要がある。限られた財源の範囲内でマジョリティへの配分を意識する維新の教育政策は、普遍主義的な発想でありながら、その陰でマイノリティから財を奪い、社会的分断を生み出しかねない。この問題については、本章の最後においてあらためて論じることとしたい。

†生活保護はどう変わったか

第一章でも触れたが、維新の会に対する意識調査では、同党が「弱者に優しい」性格を持っているという結果が示されている。ここでは、社会的弱者に向けた歳出である民生費（自治体財政における社会保障分野の歳出の名称）の内容から、維新の会が本当に「弱者に優しい」政党なのかを検証していく。

まず、大阪市の民生費の水準は、政令市の中で最も高い。その半分近くは、生活保護費の高さによって特徴づけられる。大阪市の生活保護の受給率は、二〇二一年一一月の時点で四・八三％であり、二〇政令市のなかで最も高い。全国の受給率が一・六三％であることと比較しても、三倍近い水準になっている。第三章で扱った大阪府と全国それぞれの維新政策に関する意識調査の差を確認すると、「生活保護を増やす」という項目に対して、「好ましくない」と回答する割合が大阪府のグループのほうが全国よりも有意に高かった。

民意に敏感な政党である維新の会からすれば、生活保護の削減を行うことには合理性がある。しかし、生活保護の受給は日本国憲法で定められた権利であり、民意が批判的だからといってこれを簡単に削ることはできない。そもそも、このような他罰的な民意が生じること自体にも、さまざまな構造的問題があるといえる。

生活保護受給率は現状でも極めて高い水準で推移しているが、大阪市の生活保護の人口一人あたり支出の水準は二〇一一年以降、低下傾向にある。偏差値で見ると、二〇一一年には八五付近であった生活保護費の一人あたり支出は、二〇二一年まで緩やかに低下している。

実額で見ても、大阪市の近年の人口一人あたり生活保護費は二〇一一年の一二万五〇〇〇円をピークに、二〇二一年には一〇万円強に減少している。特に、二〇二〇年、二一年はコロナ禍でもあったため、それまで同じく低下傾向であった横浜市や名古屋市でもわずかに生活保護費の一人あたり額が増加したが、大阪市のみ減少となっている。

†障がい者、高齢者の福祉はどう変化したか

また、障がいのある人などを対象とした社会福祉費や、高齢者向けの社会保障支出であ

る老人福祉費の水準は、依然、政令市の中で相対的に高い。ただ、いずれも二〇一一年以前には偏差値六五から七五と高い水準にあったものの、近年は緩やかに低下傾向にある。

また、子育て支援などの社会保障に充てられる児童福祉費の水準は、維新市政以前から低下していたものの、二〇一一年以降、さらに偏差値が低下している。実額は増加している一方で、その伸び率は他の政令市と比較して必ずしも高くない。

以上の動向を総合すると、大阪市の社会保障支出の水準は、二〇一一年以降、いずれの分野でも相対的に緩やかに絞られつつあるといえる。実額の動向は、一人あたり歳出や総額で見ても伸び続けているが、他の都市も同じように歳出を増やしている中で、かつての大阪市よりも相対的な社会保障向けの支出水準は低下傾向にある。

もちろん、同額の予算を計上しても、具体的な使途によって、住民が大阪維新の会に対して弱者救済の感覚を抱くことはありえる。とはいえ、少なくとも財政分析から、維新市政の社会保障支出が他の都市よりも手厚かったとはいえない。

†コロナ禍での都市開発

すでに指摘したように、二〇二〇年度に大阪市の一人あたり歳出の偏差値が急に低下したのは、他の自治体が歳出を伸ばしたことで一人あたり歳出の平均値そのものが増加したことによる。大阪市は、もともと歳出水準が高かったこともあるが、コロナ禍における歳出の伸びが他の都市ほど大きくなかったことが、この偏差値の変化からわかる。コロナパンデミックという世界的な危機の最中に、財政がどのように用いられたのかは、維新の会の政策傾向を読み取る上で重要である。

二〇二〇年、二一年度において、大阪市財政で他都市と比較して増加したのは、補助費と投資的経費であった。民間事業者が集積する大阪市において、コロナ禍における事業を下支えする目的から補助費が急増すること自体に不思議はない。しかし、社会的危機に直面する最中にインフラ整備の経費である投資的経費が増加している点について、当時の社会状況を鑑みて整合的な説明を与えることは難しい。

投資的経費を偏差値で見た場合の変動を確認すると、大阪市の投資的経費内の普通建設事業費の水準は、二〇〇六年時点では政令市平均の五〇付近であったが、その後、二〇一一年まで随時低下し、大阪維新の会が市政を握る二〇一一年の時点までには偏差値四〇を割り込んでいた(図4-9)。

その動向が一転するのは二〇一八年度以降である。二〇一八年度以降、投資的経費の増

図 4-9　人口一人あたり投資的経費（各分類の偏差値）

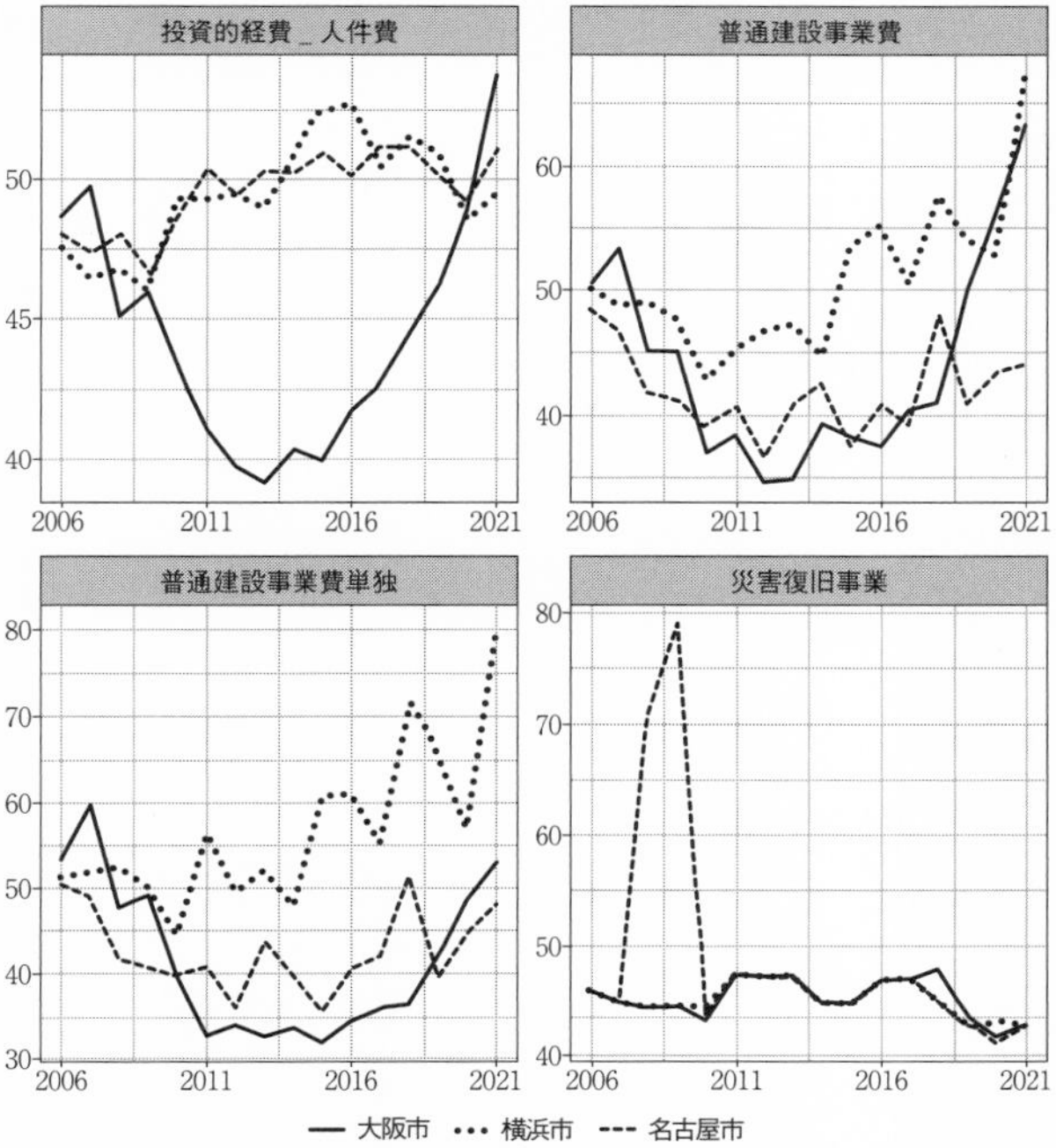

出典：総務省 e-Stat『地方財政状況調査　市町村分』「性質別経費の状況（0003172927）」および『住民基本台帳に基づく人口、人口動態及び世帯数調査』「【総計】市区町村別年齢階級別人口（各年版）」より筆者作成。

加の主たる要因としては、公営住宅や学校等の建築なども含まれるものの、都市中心部交通機関の建設事業などが増加してきている。代表的なものは大阪北部地域の交通網の整備である淀川《よどがわさ》左岸線《がんせん》の改良工事費用などである。二〇二一年度予算で淀川左岸線（二期）事業費は、二三六億円と同年度普通建設事業費の一割を占める額となっている。

また、投資的経費に充当される人件費は、二〇一五年度から一貫して増加している。これは、事業費支弁人件費ともいわれ、通常の人件費とは分けて計算される。その理由は、建設事業によってもたらされる公的サービスは、単年度でなく複数年度にまたがってもたらされるためである。普通建設事業に関わる人件費も、この複数年度にまたがって便益をもたらすものと考えられるため、自治体の決算会計上では分けて表示されるのである。

すでに見たように、大阪市全体の人件費は低下傾向にあった。しかし、インフラ開発分野における人件費は、それまで極めて低調だった水準が、二〇一五年度以降急激に上昇して、二〇二一年度の時点で偏差値五五を超す水準となっている。これは、横浜市や名古屋市の水準を上回るものである。

また、横浜市や名古屋市では長期にわたり、投資的経費の人件費偏差値が五〇程度（政令市の平均値）で安定推移していたことと比較すると、大阪市における同費の急増は特徴的な動きといえるだろう。

第五章でも述べるが、大阪維新の会は、初期から都市機能や都市経済の発展を政策の中核に位置づけ、大阪市を「成長のエンジン」とする議論を展開し続けてきた。しかし、一極集中的な経済エンジンにその他の弱い経済機構を牽引《けんいん》させようという、いわゆる「トリクルダウン（こぼれ落ちる）理論」という発想は、近年、その効果を疑問視されている。(6)

経済的な強者をさらに強くすることで、新しい経済成長の種を生み出そうという政策はすでに「時代遅れ」である。にもかかわらず、都市中心部を軸とした再開発が、大阪市財政の中にも組み込まれてしまった。

そして、コロナパンデミックという社会的危機の最中でも、大阪市財政が方向転換を図れなかったことが、これらの歳出動向から浮かび上がってくるのである。この硬直的な意思決定は、維新の会が喧伝する「大阪の成長」と密接に結びついており、維新の財政運営のアキレス腱にもなりうる。この点については、次章でより詳しく考えてみることにしたい。

†維新財政と普遍主義

本章では、大阪維新の会の財政運営について、①公務員改革、②財政の民営化、③財政赤字や借金（公債）への対応、④教育費や社会保障支出の内容、⑤土木事業の支出傾向という、五つの論点から検証を行った。それぞれの論点について、以下のようにまとめることができる。

①公務員改革による人件費と公務員数の大幅な削減。
②外郭団体の削減、委託事業の民間部門への割り当て。
③地方債の返済、新規の市債発行の抑制、債務総額の減少。
④教育費における頭割りの普遍主義、社会保障の緩やかな削減。
⑤都市中心部開発による投資的経費の増大（コロナ禍においても同傾向）。

本章では、財政データの分析を通じて、大阪維新の会の財政運営の実態を検証してきた。維新の会が進める「身を切る改革」は、必ずしも財政支出の総額を抑制する「小さな政府」には結びつかない。一方、維新の会は財政赤字に対しては批判的な姿勢を示しており、債務の縮小を急速に進める均衡財政主義的な性格をもつことも明らかとなった。「身を切る改革」においては、公務員組織や外郭団体向け予算が批判の的となり、そこから削られた財源の配分はマジョリティに向けられている。ここに、維新財政の普遍主義的な性格を見出すことができる。

本章の最後として、維新の会が推進する普遍主義的政策のパラドクスについて、あらためて考察しておこう。

普遍主義による公共サービスの提供は、より多くの人びとがその受益者に含まれる。政府規模が大きくなる代わりに、納税者は税負担に対する受益を実感することで、政府や税制に対する信頼性が高まるとされている。そのため、公共サービスの理念として普遍主義を採用する北欧諸国では、国民が高負担を受け入れているといわれてきた。

逆に選別主義では、政府支出の対象が低所得世帯や社会的な困難を抱えている人びとに限定される。そのため、政府支出の規模は小さくなり、効率的な財政運営が可能とされる。しかし、選別主義は、中間層以上が公共サービスの配分を受け取れないため、マジョリティにとっては受益が乏しい。受益の乏しい政府に対して、多くの人は負担感だけが高まり、政府への信頼を失っていく。

この状態で、子育て政策など新しい公共サービスのニーズが出てきても、政府は増税による新規の財源調達が難しくなり、公共サービスの供給が過小になったり、財政赤字による租税負担の先送りに依存したりするようになる。一見効率的な政府支出が、財政赤字を生み出す皮肉な状態が生まれてしまうのである。

†財政ポピュリズムのジレンマ

では、普遍主義への転換は、こうした問題を一挙に解決できるのであろうか。また、大阪維新の会が行う普遍主義的な支出は、北欧諸国における普遍主義の文脈と同様のものとして語れるのであろうか。

普遍主義では、多くの人が公共サービスの受益を実感でき、その実感が政府への信頼を育てるといわれている。歳出が大きくとも、政府を信頼する納税者は高い租税負担を受け入れるというのが、一般的に語られる仮説である。しかし、大阪における普遍主義的な配分の背景と、その帰結を考えると、選別主義から普遍主義への転換が、そのまま政府に対する信頼や増税に対する合意を高めるかについては、慎重に考える必要があるだろう。

なぜなら、維新の会の政策の出発点もまた、既存政治や財政への批判から始まっているからである。維新の会は、それまでの首長や議会が行ってきた財政を既得権益であると攻撃する。続いて、既存の財政による配分を解体して、有権者に対して頭割りのような形で配分を行う。そこでは、所得制限を設けたり配分の対象者を限定せず、これらを取り払った普遍主義的な配り方を選んでいる。

不要な支出を削減し、新たに必要な対象に普遍的に配るのであれば、資源配分上の問題は生じないだろう。問題は、既存の配分方法が、特定の人びとにとっては必要不可欠なサービスであった場合である。人びとが持つ財政や政府に対する不信感を梃子に登場した政党だからこそ、彼らは何としても既存の配分が「無駄なもの」であると主張しなくてはならない。また、追加の税負担を市民に強いることは、極力避けなくてはならない。この性格は、維新の会の財政運営が極めて均衡財政主義的であったことからもうかがえる。

以上の制約の中で生まれるのが、財政ポピュリズムである。既存の配分を取り上げ、頭割りに配り直すことで人びとの支持を調達する。しかし、追加の税負担を市民に要求することは、過去に行った既得権益批判の文脈から難しくなる。こうした中で、自らの支持者に配分するための資源を確保するには、マイノリティへの配慮を欠いてでも既存の配分を解体するしかなくなるのである。

この条件のもとでは、仮に配分方法が普遍主義的であったとしても、改革後の公共サービスが社会の各分野において必要水準を十分満たしているとは言い難くなる。そもそも、所得制限を撤廃した教育費無償化政策には、「マタイ効果」と呼ばれる格差の拡大を助長する効果も指摘されており、普遍主義的な配分が自動的に社会内の問題を解決するわけではない(7)。近年、オランダでは普遍主義的配分がもたらす格差拡大効果が問題視され、選別主義と普遍主義の両方をバランスよく組み合わせることこそ重要であるとの指摘もなされている(8)。それを考えると、大阪維新の会が行った政策の含意は、日本国内にとどまらず世界的に共通した公共政策上の隘路といえるかもしれない。

以上、縷縷《るる》説明したが、均衡財政主義と、既存の配分や政府への不信感をテコにして普遍主義的な配分を行うことで、困難を抱えた人びとから資源を取り上げてしまうことになり、社会的分断を深める危険性があることがわかるだろう。さらにいえば、個人に還元できないものを共同で購入することが財政の役割であることを考えると、このような頭割りの配分が、現実的には私たちが受け取る公共サービスの水準や質を下げる可能性すらある。既存の政府による資源配分から排除された人びとが、新たな政治的枠組みを通じて自らの利益を要求することは、ポピュリズム政治における重要な要素である。(9) 第三章でも見たように、人びとは追加の税負担を嫌い、同時に個人が利益を実感できる、教育費の無償化などを支持する傾向にある。また、公務員組織や行政の非効率性に対して、厳しい態度をとっている。

本章で検証を行った維新の会における「身を切る改革」は、既存の配分を既得権益と批判し、さらに均衡財政主義を前提に削減した歳出をマジョリティに配り直す行為といえる。そして、既存の政治に不満を持つ人びとは、自分たちがサービスの受給者となる可能性が高まるため、これらの政策を支持することになる。つまり、財政ポピュリズムは自己利益を最大化する合理的個人からはごく自然に支持される選択肢なのである。

しかし、個人が市場を通じて合理的に取引しても供給できないのが公共財である。公共財を供給することは、個人の合理性を超えて市場以外の仕組みで財政を運営しなくてはならないことを意味している。

維新の会が行う財政ポピュリズムが合理的個人にとって魅力的に映るとしても、それは財政の本質的な否定にほかならない。財政を信用できないからといって、財政を解体して個人に繰り戻しても、社会全体は徐々に貧しくなっていくことになるだろう。

このように、財政ポピュリズムは政策論上、根本的な欠陥を抱えているといえる。また、そうした手段によって調達した民意を、再び集合経済たる財政に引き戻すには時間を要する。これら財政ポピュリズムが持つ根本問題や、政策論上の桎梏《しっこく》については終章において考察を深めることにしたい。

第五章

「大阪の成長」の実像

――「維新は大阪を豊かにした」は本当か

大阪市長選で当選を決めた松井一郎氏(左)、大阪府知事選で当選を決めた吉村洋文氏(右)。

2019年4月7日夜、大阪市中央区(提供=共同通信社)

†「大阪の成長」とはなにか

「大阪の成長を止めるな」――大阪維新の会は、二〇一九年四月の大阪府知事選、大阪市長選のダブル選でこの言葉をくり返した（日本経済新聞二〇一九年四月一二日）。維新の会は、「大阪の成長」の具体的な内容として、税収増や関西圏の外国人観光客の増加を挙げている。

大阪における経済政策の「成功」は税収に結びつき、増収は市民生活を豊かにする。外国人観光客の増加により、ホテルや需要が喚起され、投資機会が地価の上昇に還元される。大阪の成長を止めないためには、その「成長」を主導してきた大阪維新の会への支持を継続しなくてはならない――維新の会が「大阪の成長を止めるな」という言葉に込めたメッセージは、概ねそのようなものといえる。

大阪維新の会の二〇二三年大阪府市政策集には、次のような言葉が躍る。

大阪府市においては、大阪維新の会の知事・市長による府市連携による取り組みによって、様々な改革・施策を実現してきた結果、大きな税収の伸びを見せる等、各種の指標において、その成長が実感できる状況となっています。

しかし、このマニフェストには税収増以外の「大阪の成長」に関する具体的記述はない。都構想をめぐる論争でも、「大阪の成長」の実態についてはたびたび、その存否が議論された[1]。成長の根拠が薄いという主張、成長しているという主張のいずれも、部分的な経済データを用いながら主張がなされ、全体像を捉えているとは言い難い。それは、分析に用いるデータの範囲が限定的で、短期間の変化のみを見て評価を行っていることに起因している。

本章では複数のデータを用い、大阪のみならず全国的な水準との比較を通じて、大阪は成長したのか、したとすればそれは大阪で暮らす人びとにどのような影響を与えているのかを検討していく。

†大阪の成長は税収に還元されたか

大阪の経済成長が、大阪維新の会が行う政策の結果もたらされたものであるならば、大阪における各種の経済指標や増加率は、①大阪維新の会が政策を担う前の期間よりも高く、

②他の都市よりも好調である必要があるだろう。

二〇二三年度予算では、大阪府の地方税収は三年ぶりに増加し、コロナ禍前の水準を回復してきたとされる。税収は、大阪維新の会が大阪における成長を主張する根拠の一つであるが、地方税収は全国的な景気動向や都道府県の人口動態の影響を受ける。そのため、税収の増減については総額の伸び率だけでなく、人口動態の影響を勘案して維新の政権運営前後や他の地域と比較することが大事になる。

具体的には、一人あたり税額と、その加重平均、加重標準偏差を用いた偏差値を算出し、全国の基準に対して大阪府の水準が高いのか低いのかを目印として分析する。図5－1は、四七都道府県の人口一人あたり地方税収を、各都道府県の人口で重み付けした偏差値である。

重み付け（Weighted）とは、人口や都市化の影響が異なる対象同士を比較する場合に、その影響を組み込んで平均値や標準偏差を算出する手法である。この重み付けを行わないと、それぞれの数値が実態よりも小さくなったり大きくなったりしてしまう。ただし、加重平均を用いても地方税収は東京都が突出しているため、それ以外の地域間での相対的な違いがわかりにくくなる。そこで本章では、東京都の影響を除いた加重平均や加重標準偏

図5-1　大阪府の人口一人あたり地方税収額
（全国および東京都除く全国の加重平均参照）

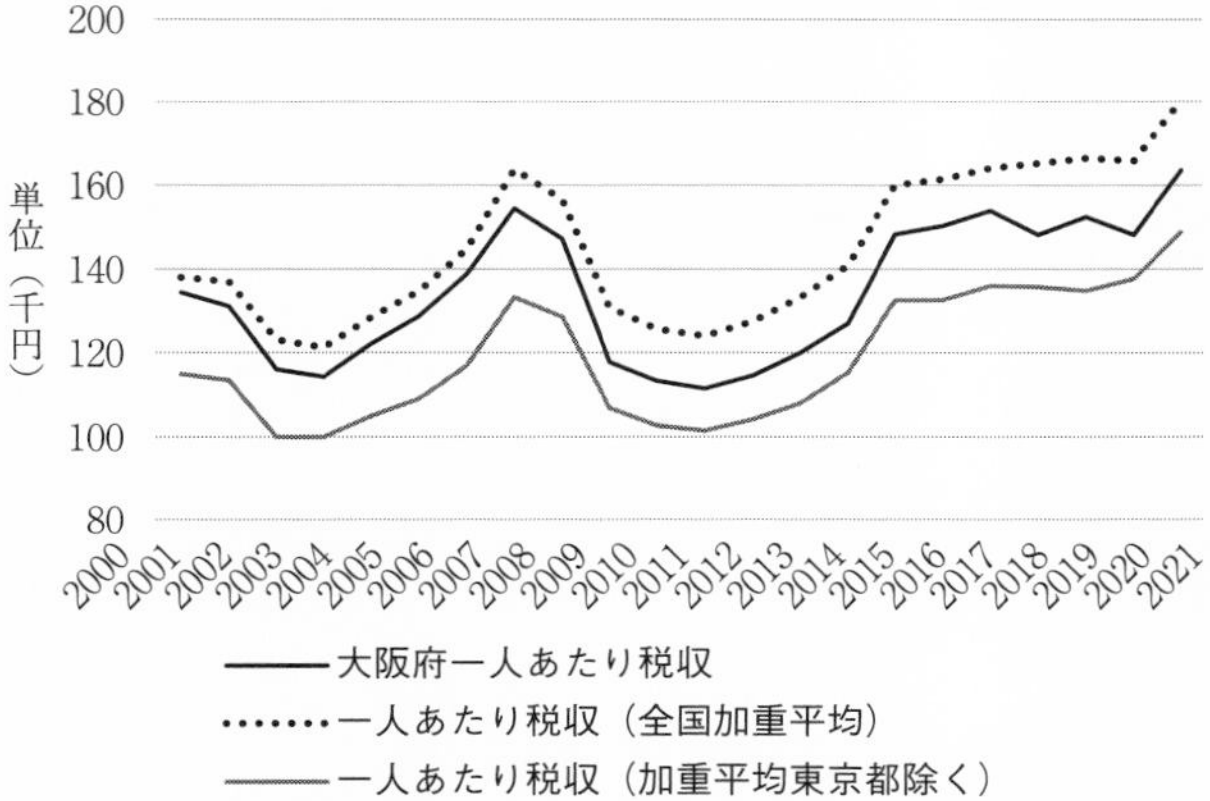

出典：総務省e-Stat『地方財政状況調査　都道府県分』「歳入の状況　その1　歳入内訳」内「項目：地方税」および『社会・人口統計体系　都道府県データ』「住民基本台帳人口（日本人）」より筆者作成。

差も別途に計算した。それぞれの数値から、大阪府の一人あたり税収の偏差値を大阪府と大阪市における「二重行政の解消」がなされた二〇一一年度以前と以降の数値で比較してみよう。

二〇二一年度はコロナ禍であったが、政府補助等の影響も手伝って国税も含めた税収が伸びた時期である。大阪府の一人あたり税収額も、二〇〇〇年以降では最高額の一六万三〇〇〇円を記録した。東京都を含めた全国の人口一人あたり都道府県税額は一八万円なので、大阪府の水準は全国平均よりも一万七〇〇〇円低い額となる。ただし、東京都の一人あたり地方税額は四四万

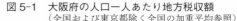

二〇〇〇円であり、四七都道府県内では突出している。そのため、東京都を加えた全国の人口一人あたり地方税額は、東京都の数字に引き上げられ高い値となっている。二〇二一年度に平均額を超えるのは東京都を除けば福井県の一八万七〇〇〇円以外にない。

そこで、東京都を除いた四六道府県の加重平均を算出して、比較対象として図に示している。東京都を除いて比較すると、大阪府の一人あたり税収は二〇〇〇年から二〇二一年の間、一貫して平均額を上回っている。

続いて、この大阪府の人口一人あたり地方税収を偏差値で算出し、平均値と比較してその水準がどう変化したのかを確認しよう。

図5－2は、先ほど見た大阪府の人口一人あたり地方税収の偏差値の推移を示したものである。東京都を含めた全国の加重平均と比較すると、二〇〇〇年から二〇二一年まで大阪府の地方税収の一人あたり額の偏差値は一貫して平均値以下で、水準は四八～四九付近でほぼ横ばいである。これは、大阪府の地方税収が、他の都道府県と比較した際に相対的には伸びなかったことを示している。

また、東京都を除いた数字での偏差値を見れば、大阪府の人口一人あたり税収は平均値に対して概ね標準偏差一つ分高い偏差値六〇の水準を行き来している。二〇〇〇年から二

図 5-2　大阪府の人口一人あたり地方税収額の偏差値
（全国および東京都除く全国の加重平均参照）

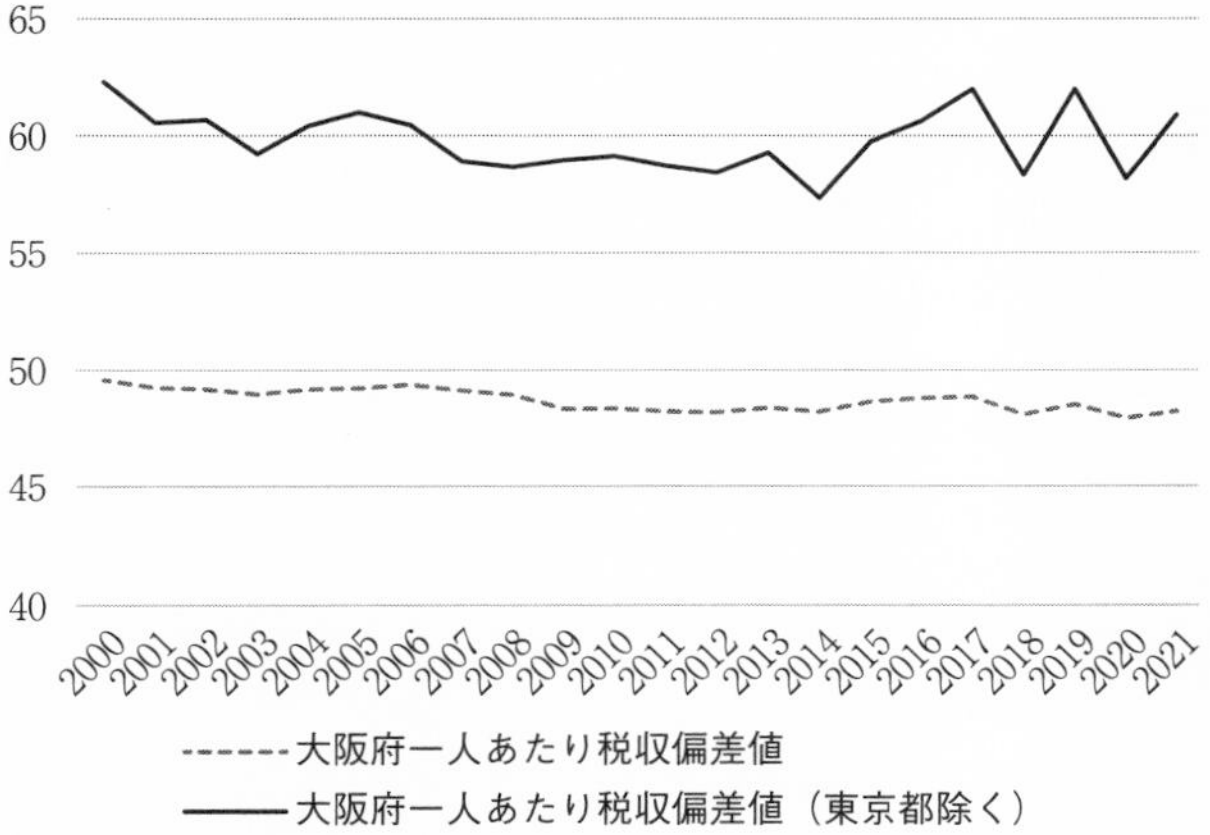

出典：図 5-1 に同じ。

〇二一年までの二二年間の間で、偏差値が最も高かったのは二〇〇〇年度の六二・二、最も低かったのは二〇一四年度の五七・三であった。大阪府の税収水準データからは、大阪維新の会による二重行政の解消が、過去の大阪府や全国よりも高い成長をもたらしたわけではないことがわかる。あえていえば、大阪維新の会の躍進以前も以後も、大阪府の税収の人口一人あたりの水準は、全国のその他の地域と比較してほぼ横ばいであったというのが事実である。

　以上、実額の伸びだけをもって、単純にそれが政策の結果であるとは言い切れないことを、全国との比較を通じて明らかにした。維新の会は税収増を「成長」の根拠に掲げているが、その相対的な水準が本当の意味で何らかの政策的な結果といえるどうかは、少なくとも全国的な比較からは明確ではない。

続いて、より直接的な経済成長を表す域内総生産(地域内のGDP)の一人あたり額を用いて、大阪府内の経済活動が拡大しているのか否かを確認していこう。

†大阪は本当に経済成長したか

GDP(国内総生産)とは、一年間など特定の期間に、特定の地域内で生産された「価値」の総額である。通常、経済成長という言葉のほとんどが、GDPの大きさや成長率を根拠に語られる。例えば、二〇二三年には日本のGDPがドイツに抜かれ、世界第三位の地位から転落することがニュースになった。このような、GDPの水準が他国に抜かれ、その額が上昇しないというニュースには、日本経済が停滞しているという意味が含まれている。

OECDの〝よりよい人生の指標〟データセットにおける各国の生活満足度と二〇一九年の人口一人あたりGDPとの間には、〇・七一と強い正の相関関係がある。経済的豊かさがそのまま人生の満足度を決めるわけではないだろうが、ＧＤＰが人の生活や豊かさに与える影響を無視することはできないだろう。

ところで、世界で最も豊かな国はアメリカ合衆国で、二〇二二年のＧＤＰは世界銀行の統計によれば二五兆四四〇〇億ドルに上る。アメリカに次いでＧＤＰが大きいのが中華人民共和国の一七兆九六三〇億ドルである。日本のＧＤＰは四兆二三二〇億ドルと、この両国に大きく水をあけられており、この時点では世界第三位であった。

ただ、中国が日本の三倍以上のＧＤＰであるからといって、中国の人びとの生活水準や生産力が単純に日本の三倍であるとはいえない。中国は日本の一〇倍以上の一四億人の人口を抱えている。ＧＤＰは人口に大きな影響を受けるため、その国の相対的な豊かさや生産力を考える場合には、人口で割った一人あたりＧＤＰが重要な指標となる。なお、参考までに述べると、日本の二〇二二年の人口一人あたりＧＤＰは三万六〇三二ドル（二〇一五年実質ドル換算）である。中国の一人あたりＧＤＰは一万一五六〇ドルなので、日本は一人あたりで見ると中国よりも三倍程度、経済的に豊かな社会といえる。

このようにＧＤＰは、最もよく用いられる経済水準の指標である。ＧＤＰを都道府県別に分解したものとして、県民経済計算がある。国の経済成長の指標がＧＤＰであるとするならば、都道府県別の景気動向や経済成長を測る尺度としては、県民経済計算を用いるのが一般的である。

県民経済計算についても、人口一人あたり額を用いることで相対的な比較が可能となる。また、先ほどの一人あたり税収でも見たように、この数値も人口によって影響を受けやすいものであるから、加重平均を用いた比較が望ましい。

ここでは、大阪の経済成長の内実を、人口一人あたり県民所得の偏差値の推移から検証することにしたい。県民所得とは、県内経済計算における数字の一つであり、労働者の給与やボーナスの総額である県民雇用者報酬と、県内企業の利益である企業所得、利子や土地の賃貸料、株式配当など、県内の企業や家計が受け取る合計値となる。さっそく、関西二府四県（京都府・大阪府・滋賀県・兵庫県・奈良県・和歌山県）の一人あたり県民所得の偏差値の推移を示した図5－3から、大阪が本当に経済的に成長しているといえるのかを確認しておこう。

大阪府の一人あたり県民所得の全国に対する水準は、二〇〇九年以降、全国平均以下となり、その後は基本的に横ばいで推移している。二〇二〇年の時点では、同じく横ばいで推移した兵庫県の水準を下回り、近畿圏で第三位に転落している。

図5-3　一人あたり県民所得の偏差値（人口数加重平均）

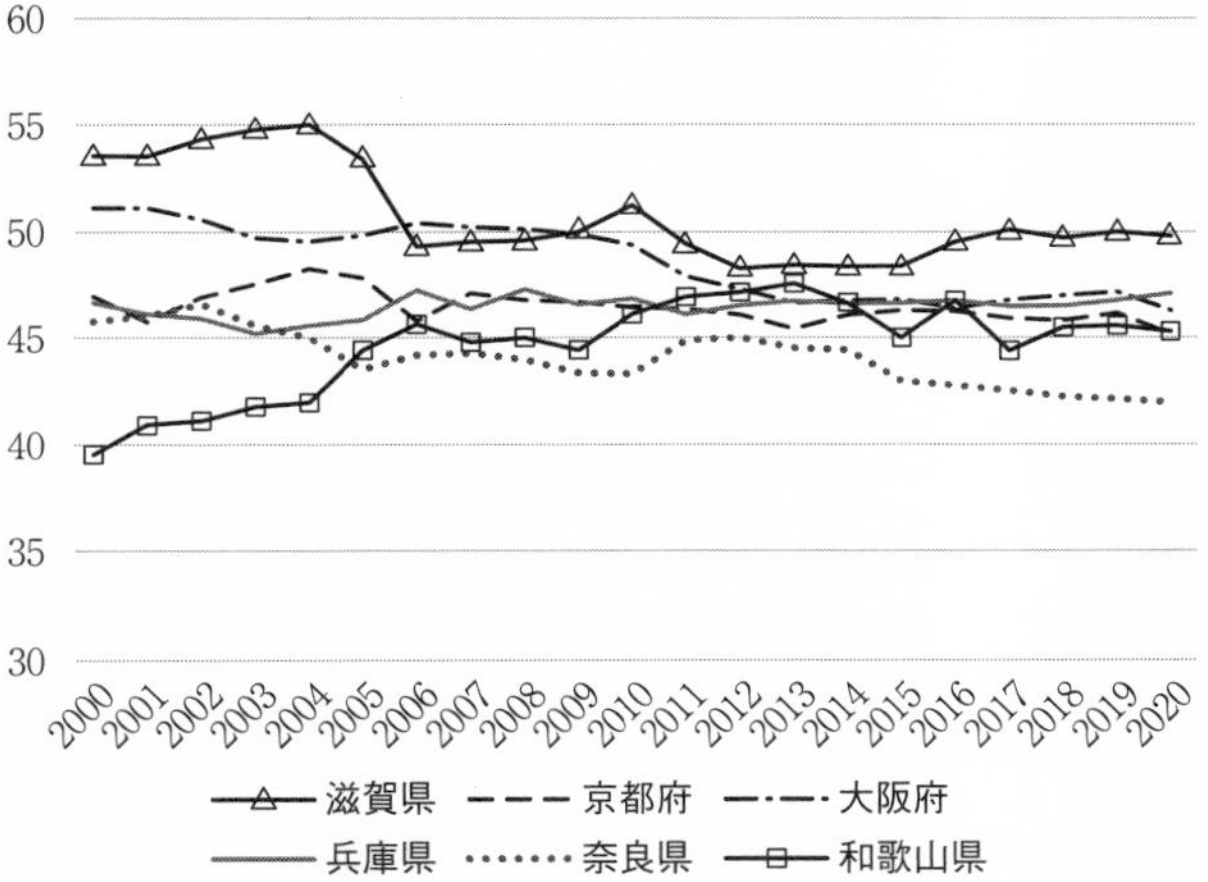

注：偏差値は単年度間の相対的水準である。
出典：内閣府ホームページ『県民経済計算（統計表）』「平成8年度－平成21年度（1993SNA、平成12年基準）」「平成13年度－平成26年度（1993SNA、平成17年基準）」「平成23年度－令和2年度（2008SNA、平成27年基準）」および総務省e-Stat『社会・人口統計体系　都道府県データ』「住民基本台帳人口（日本人）」より筆者作成。

この推移からも明らかなように、少なくとも県民所得という指標を見た場合、大阪府が二〇一〇年代以降に他の地域よりも明確に経済成長したとは評価できない。また、二〇〇〇年から二〇〇九年までのほうが、むしろ一人あたり県民所得の水準は高い。

「成長を止めるな」というスローガンに反して、少なくとも全国的な水準と比較して、二〇一一年以降、大阪府の一人あたり経済規模は全国平均を下回り、かつほとんど横ばいで推移したのが統計上の事実である。あえていえば、維新の会による政策運営のもとで大阪府経済は、良くも悪くもならなかった、というのが実態に近いだろう。

†「大阪の成長」は所得増につながったか

続いて、県民所得を構成する要素の一つである県民雇用者報酬の推移についても確認しておこう。県民雇用者報酬は、県民所得のうち、働き手に対する給与や賞与などの配分額である。大まかにいえば、県民雇用者報酬は、それぞれの地域経済から、労働者に対してどれだけの支払いがなされたのかを表す指標である。

図5-4は、人口一人あたり県民雇用者報酬を偏差値で表したものである。図から明らかな通り、大阪府の一人あたり県民雇用者報酬の水準は、二〇〇〇年から二〇二〇年の全期間で平均値を上回っている。大阪府は少なくとも、全国平均よりも一人あたりの雇用者報酬が高い地域であることがわかる。また、関西二府四県のなかでは基本的に上位の水準であり、最も偏差値が高かった時期も少なくない。

先ほどの県民所得の数値と比較すると、県民所得の偏差値が高かった滋賀県が、雇用者報酬の水準では偏差値五〇以下で、必ずしもその水準が高くないことがわかる。これは、

図 5-4　一人あたり雇用者報酬の偏差値（人口数加重平均）

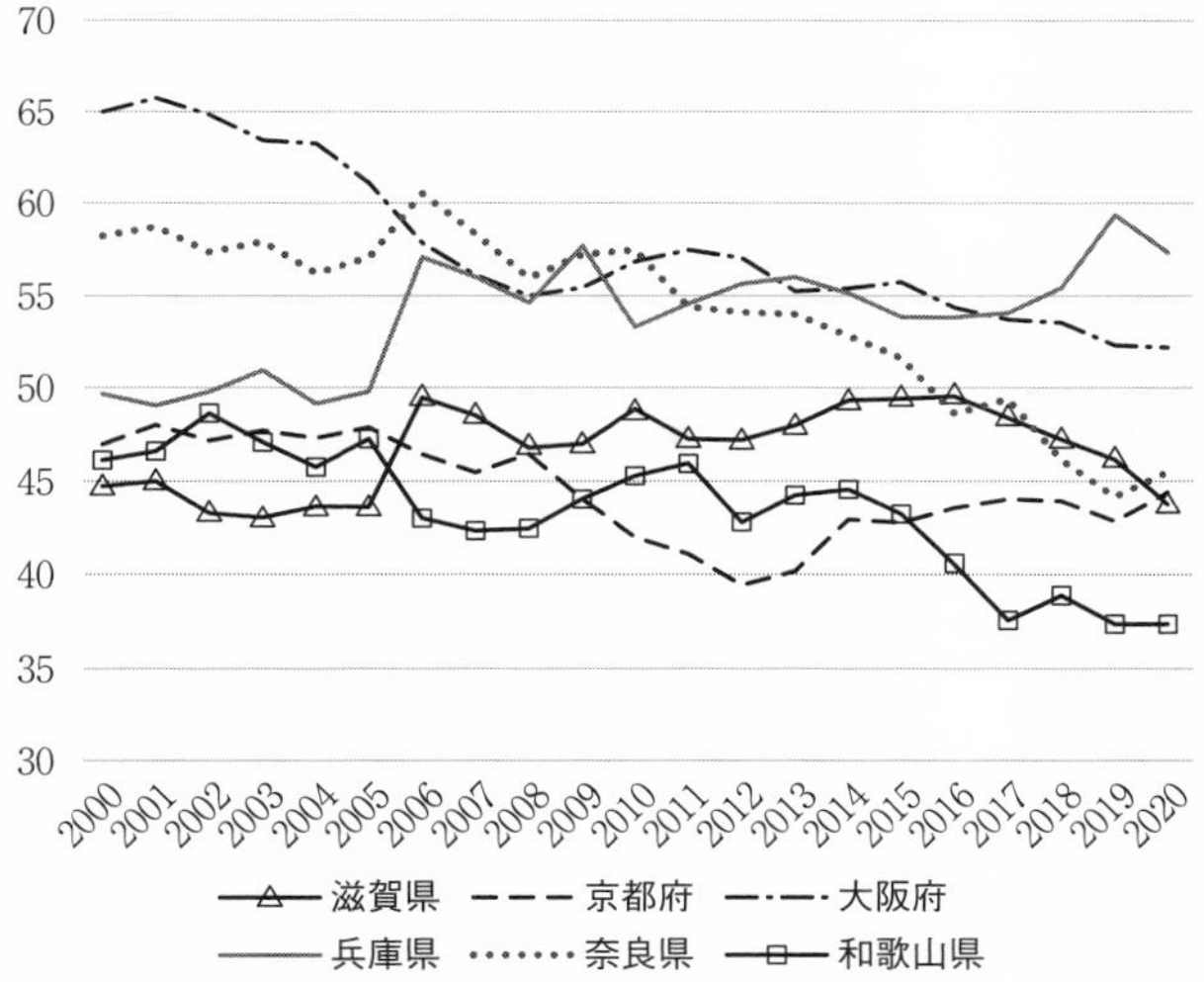

出典：図 5-3 に同じ。

滋賀県の県民所得が雇用者報酬ではなく企業所得などによって支えられていることを意味している（本書の主要テーマではないが、県民所得は全国平均以下でも、雇用者報酬の水準では平均値に近く、かつ上昇している事例などもある。北海道がその典型である）。

大阪府の一人あたり雇用者報酬偏差値の経年変化を確認すると、二〇〇〇年代初頭は六五を超えており、雇用者報酬という観点からは相対的に豊かなエリアだったといえる。しかし、以降その水準は低下している。

二〇〇八年に底を打ってから、二〇一二年までわずかにその水準は改善するが、二〇一一年の偏差値五七・五を頂点に再び下降し、二〇二〇年には五二・一と、二〇〇〇年代以降の過去最低水準まで低下した。関西二府四県の多くはこの水準よりも低かったが、兵庫県のみ上昇している。二〇一七年には大阪と順位が逆転し、兵庫県は、近畿二府四県において一人あたり雇用者報酬の水準が最も高い地域となっている。

大阪維新の会が「成長を止めるな」と喧伝する中、大阪府の企業や個人の所得水準は横ばいであり、雇用者報酬については全国平均に対して低下傾向にある。こうした数値は、大阪府の地方税の歳入が、全国的な水準から見ればほとんど横ばいであったことと整合的である。以上、税収やＧＤＰといった指標からは、明確な「大阪の成長」を読み取ることは難しいといえる。

続いて、近年増加が著しい外国人観光客の推移から、「大阪の成長」の実態を検証していこう。

†外国人客数から読みとく

日本政府観光局が発表する資料によれば、二〇二三年の年間訪問外客数は二五〇〇万人となり、コロナ禍前の水準の八割まで回復した。二〇一九年には、過去最高の外国人客数が記録されており、その数は三一八八万人となっていた。大阪維新の会は、結党初期から外国人観光客増を大阪経済成長のエンジンとするべく、関西国際空港の発着便の増加や観光客受け入れに向けた積極的な施策を展開してきた。

実際、宿泊者統計上の大阪府の外国人宿泊者の延べ人数は、二〇一〇年時点では三一〇万人泊だったが、コロナ禍前の二〇一九年にはその五倍を超える一五九〇万人泊まで伸びている。

コロナ禍の影響を除外するため、二〇一〇年から一四年までの五年間と、二〇一四年から一八年までの五年間の大阪府と大阪府以外の全国の外国人宿泊者数の伸び率を比較してみよう。二〇一〇年から一四年の五年間で、大阪府を除く全国では外国人宿泊者数が五七・五%増加している。大阪府は同時期に九二・六%増とほぼ二倍近くになっていることを見ると、大阪における外国人客の増加率がそれ以外の地域を上回る成長を示したことは間違いない。また、続く二〇一四年から一八年までの増加率を見ても、大阪府を除く全国では九五・八%増であったものが、大阪府では一一五・六%と全国を上回る水準で増加している。

さらに、こうした外国人観光客の増加は、大阪中心部の百貨店の売上を大きく引き上げてきた。二〇一八年度の大阪ミナミの百貨店である大丸心斎橋店の前年度比売上高の伸び率は四・四%を記録し、全国平均のマイナス〇・九%を大きく引き離していた。

こうした好調な外国人観光客消費に冷水を浴せたのが、世界的な新型コロナウイルスのパンデミックである。大阪府でも二〇一九年には一五九〇万であった人泊が、二〇二〇年には七分の一以下の二一二万人泊にまで減少し、二〇二一年にはさらにその一〇分の一の二七万四〇〇〇人泊にまで落ち込んだ。

外国人観光客消費を当て込んでいた関西の百貨店では、コロナ禍による急激な消費の落ち込みで他地域よりも大きな影響を受けた。二〇二〇年の百貨店売上の前年比は、全国平均で二五・七%減であったが、大阪地区では三一・六%減となり、全国数値よりも深刻な下げ幅を記録した。コロナ禍がほぼ収束した二〇二三年の時点では、大阪地区の百貨店売上の総額は八七六五億円で、コロナ禍前の二〇一九年の八四八七億円を超えており、上昇率も全国平均を上回るまでに回復している。

以上、大阪維新の会が大阪府市の行財政を始めてからの、大阪における外国人観光客数の増加やこれに牽引される百貨店売上の上昇を確認した。先述したように、大阪維新の会は結党当初から外国人観光客の増加を成長戦略の柱としてきた。その量的な成果は、外国人観光客数そのものの増加や、百貨店売り上げなどの形で目に見えるものとなっている。観光事業に影響を受ける宿泊業・飲食サービス業の平均賃金の水準は、それ以外の産業よりも低いことを考えると、こうした観光牽引型の成長には影の面もあるが、大阪中心部の観光客によるにぎわいを、維新の会が「成長の果実」と喧伝する点は、データ上からも蓋然性があるといえるだろう。

さらに、外国人観光客による成長は、大阪の地価上昇にも影響を及ぼした。節を改めて、この点についてデータをもとに確認していこう。

†公示地価から読みとく

先ほど、インバウンド需要の増加と、大阪府内における外国人客数の全国比に対する顕著な増加を確認した。コロナ禍が収束し、関西国際空港の発着便の増加にともない、大阪府内の外国人宿泊者数や、百貨店の売上は回復しつつある。

大阪維新の会が府市政運営を始めて以来、外国人客の増加と並んで具体的な成長として評価できるのが地価の上昇である。国土交通省が発表する大阪府の公示地価のうち、住宅、

図5-5　大阪府の用途別地価の上昇率の全国平均に対する差分の推移（単位：パーセントポイント）

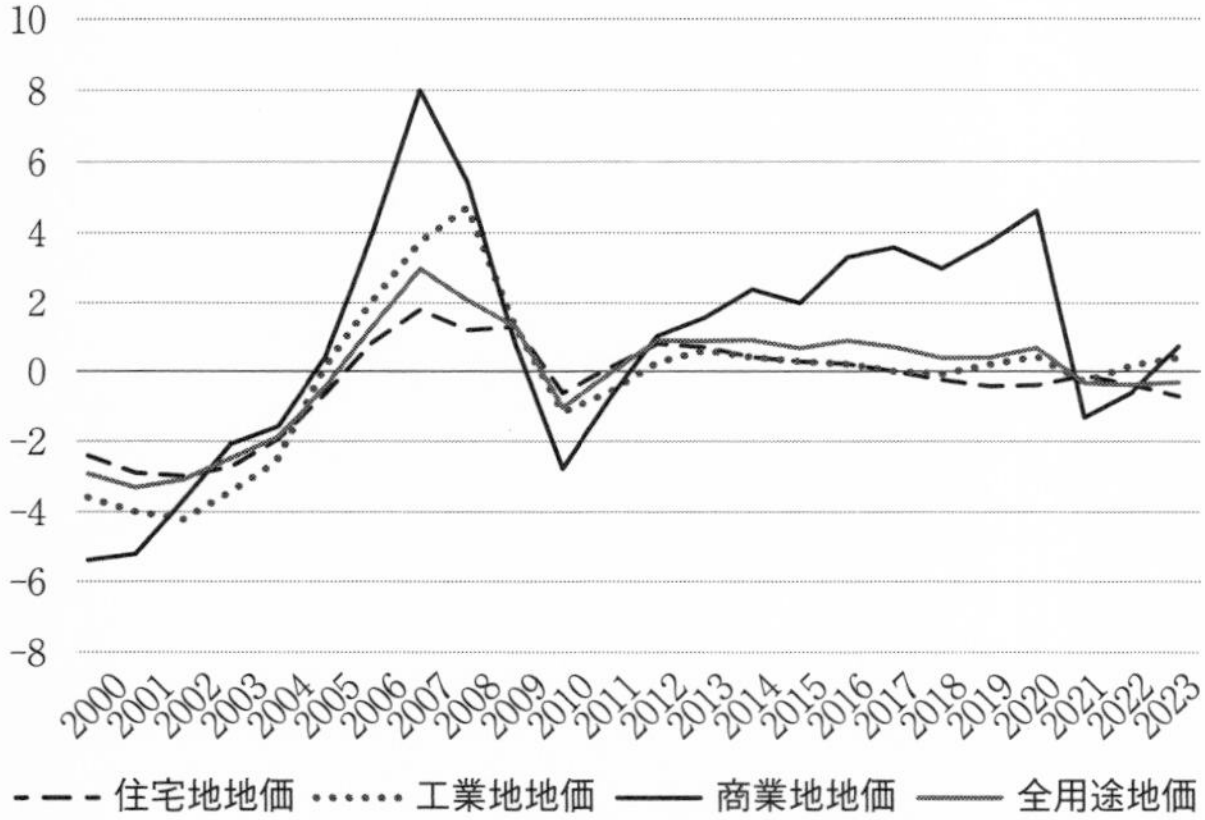

出典：国土交通省ホームページ『地価公示』「変動率及び平均価格の時系列推移表」のうち「変動率推移表」の大阪府と全国データより筆者作成。

工業、商業、全用途別に全国平均に対する乖離分をプロットした図5－5を確認していこう。

過去二〇年ほどの変動を確認すると、二〇一一年以降で特徴的な動きを見せるのが商業地地価の全国に対する上方への乖離である。大阪府の商業地地価は二〇一四年から七年連続で上昇を続け、全国平均を常に上回ってきた。また、この数値は東京圏や名古屋圏の数値を上回っており、同期間の大阪府の商業地地価の上昇率が他都市と比較しても高かったことは間違いない。同時期は、インバウンド観光客の急増時期と重なっていることも特徴的である。

反面、コロナ禍は商業地地価にも大きな影響を及ぼした。二〇二〇年の影響が反映される二〇二一年と翌二二年の大阪府の商業地地価の下落は、全国値を下回っていた。コロナ禍が明らかにしたものは、大阪経済が百貨店などの商業部門だけでなく、地価についても、観光需要に大きく依存しているということである。

商業地の大幅な地価上昇に対して、全国比で必ずしも上昇していないのが住宅地地価である。二〇〇〇年代初頭には、大阪府の住宅地地価の変化率は全国平均よりも相対的に高かった。しかし、二〇一二年以降、徐々に上昇幅が小さくなり、二〇一七年以降は一貫して全国平均を下回るようになっていく。

都市中心部の商業地地価の上昇と、住宅地地価の相対的な停滞は、大阪における地価変動の高低に空間的特徴があることを示している。図5-6は大阪市内の公示地価の地点データを空間処理して、二〇一五年から一九年の五年間における大まかな地区別の地価の上下をプロットしたものである。この図は地価の観測点間を最小距離で結んで領域を形成し（ボロノイ分割）、その中に地点データを反映する手法で作成している。このため、各面一体がすべて同じ地価上昇率となるわけでないことには注意が必要である。

それでもこの図は興味深い事実を我々に教えてくれる。ここでは六つの区分で大阪市内

図 5-6　大阪市内の 2015 年から 2019 年間の地価の動きの参考図（ボロノイ分割）

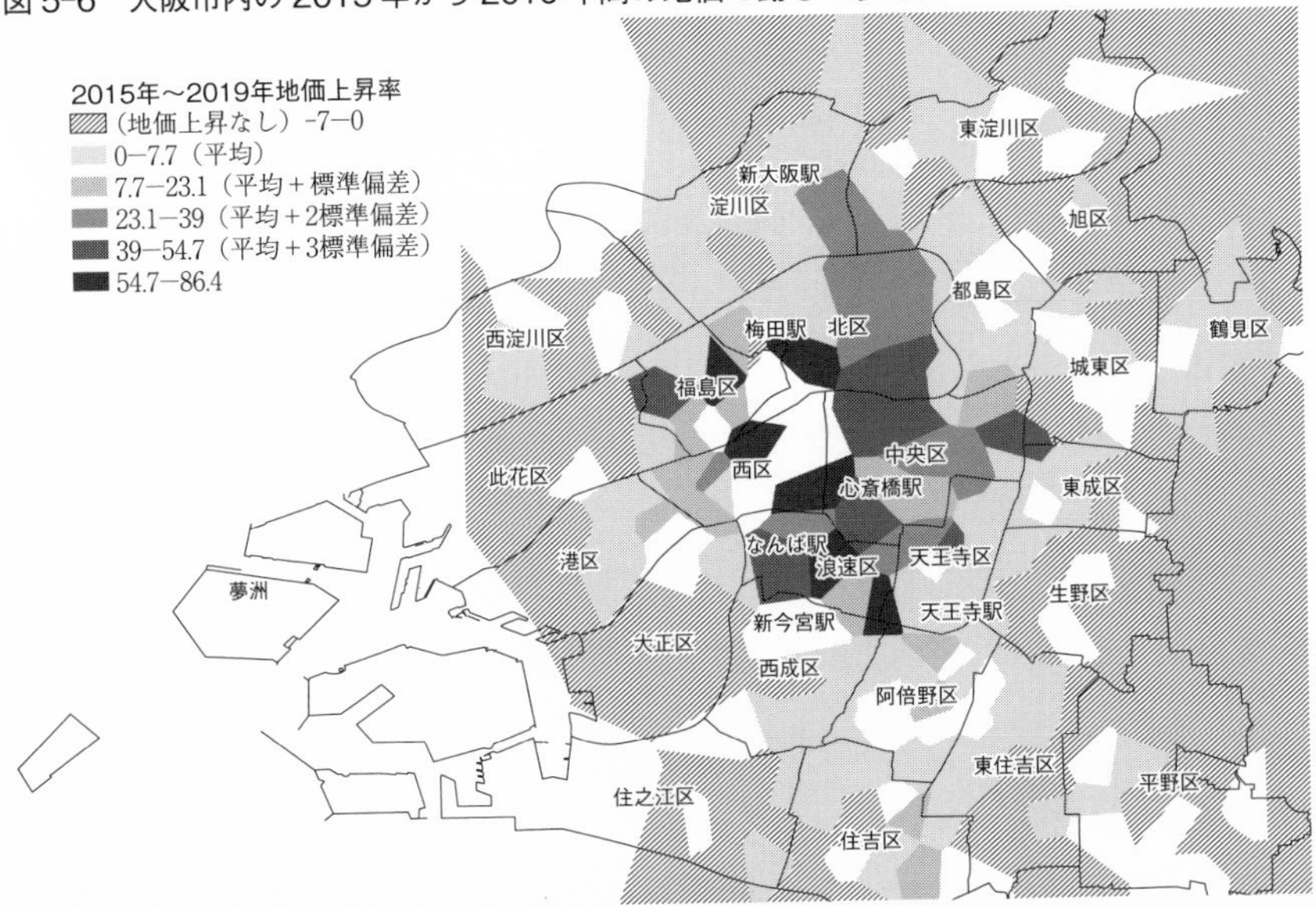

出典：国土交通省国土数値情報ホームページ『地価公示データ 2.5 版：大阪』(https://nlftp.mlit.go.jp/ksj/gml/datalist/KsjTmplt-L01-v3_1.html) および『行政区域データ：大阪』(https://nlftp.mlit.go.jp/ksj/gml/datalist/KsjTmplt-N03-v3_1.html) より QGIS のボロノイ作成機能を用いて筆者作成。

の地価上昇を視覚化している。地価上昇がなかった区分を斜線で示している。地価が上昇し、平均の上昇率である七・七％増までの地域を薄く網掛けしている。以降、標準偏差ごとに上昇率の高い区分ほど濃い色で示している。地価の上昇率が最も高い地域は、偏差値八〇を超えている。

図5－5で示した推移と整合的な結果といえるが、大阪市内で最も人口が多い住宅地である平野《ひらの》区では、地価が下落した地域が多く見られる。また、平野区の地価が上昇した地域であっても、その上昇率は平均以下にとどまっている。

地図上で斜線や薄い網掛けで示される、相対的に上昇率の低かった地域は、そのほとんどが大阪市の外縁の区に分布している。一方、高い上昇率を示した地域は大阪市中心部に集中している。大阪市内の地価上昇は、商業の集中する都市中心部において顕著であり、それ以外の地域、とりわけ周辺部の土地については必ずしも明確ではないことがわかる。

†「都市経営」という思想

以上いくつかの指標から、大阪における経済成長を検証した。税収やＧＤＰの観点においては大阪の成長は認められないが、外国人観光客や中心商業地の地価上昇という点からは、一定の「成長」が認められた。このような成長の実態は、大阪維新の会が進めようとしている政策とどのような関係にあるのか。ここでは、大阪における「都市経営」という観点から、大阪維新の会の都市開発の思想的背景について考察したい。

過去の大阪市政では、伝統的に、事業収入や土地開発による売却収益等を市財政に還元するという「都市経営」の手法がとられてきた。例えば、大阪市一三代目市長の中馬馨《ちゅうまかおる》は、周辺市区町村の大阪市域への吸収をめぐる議論において、周辺の田園地帯を市域に編入し都市開発を行い、その開発利益をテコに公共サービスを拡充することを「都市経営」と評している（一九六七年一一月二九日）。しかし、バブル崩壊を経験し、むしろ自治体主導の土地開発が市財政の大きな桎梏となった後、都市経営の論点は行政改革に変化していく。

二〇〇三年から二〇〇七年まで第一七代大阪市長を務めた關淳一《せきじゅんいち》は、「都市経営」という表現を財政健全化と行政改革という文脈において用いた。關は、累積公債問題や市役所の不正入札、相次ぐ公務員不祥事に絡み、行政組織の管理監督および、膨張的な財政からどのように効率的な財政へと転換するかという視点から「経営」に取り組んだ。

この文脈は、以降の平松邦夫市政や大阪維新の会にも、一定程度引き継がれている。バブル崩壊の傷から立ち直りが遅れた大阪において、開発主義的な都市経営から、行政改革に象徴される「小さな政府」指向の都市経営への転換は、必然的な流れでもあった。大阪維新の会は「都市経営」の論点を、大阪市を中心とした国家経済軸への復帰、あるいは民間経済を第一義的とする公共部門への転換の中で用いるようになっていく。二〇一五（平成二七）年二月二七日の橋下市長の発言では、都市経営は次のようなものとして語られている。

中小企業の支援やその商店街の活性化、必要なことはわかるんですが、この話と大都市経営というものはやっぱり別物なんですね。大阪都構想の中心的な哲学は、仕事の役割分担を明確化しようということなんです。いわゆる大阪府市の成長戦略に商店街の活性化なんか、これは入れちゃいけません。なぜかといえば、府市の成長戦略というものはグローバルな経済戦略であって、そこにははっきりと二つの軸を示しています。ハイエンド都市を目指すということと、中継都市、物流拠点を目指す。これは商店街の活性化とは全く別なんですね。外国人観光客を大量に大阪に引き寄せる。ハイエンドなそういう企業を大量に大阪に引き寄せる。そういうのが府市の成長戦略の話であり、これはもうグローバルな観点、まさにこれは広域行政体でやらなきゃいけないんです。ですから、そういうことを、そちらのほうが上だとか下とかいうことではなくて、仕事の役割分担としてそういうことを担当する議員がそちらに集中すればいいと思うんです。

大阪都構想と地続きの文脈で語られているとはいえ、ここでは、財政や行政の持つ独占的利益が、民間企業の利潤追求にどれだけ貢献できるかに重点が置かれている。実際、ここまで見てきたように、大阪維新の会が行う都市経営の効果は、外国人観光客の増加や都市中心部の地価上昇に象徴されている。その意味で、中長期的な観光需要の掘り起こしのための万博やIR建設は、維新の会の成長戦略として必然的に重要視されるといえよう。しかし、万博やIR事業に向けてはすでに大規模な財政支出が予定されている。財政ポピュリズムを通じて支持を集めた維新の会は、開発による利益を実感をともなう形で個人に還元できるだろうか。この点が、維新支持の構造的な弱点となる可能性もあるだろう。

†「大阪の成長」と財政ポピュリズム

本章では、大阪維新の会がたびたび用いている「大阪の成長」という言葉について、税収、GDP、外国人客数、地価変動などの指標からその実態を検証した。税収やGDP、雇用者報酬といった観点からは、維新が掲げるような「成長」の事実は認められない。反面、外国人観光客の増加や、中心部の百貨店売上の増加、商業地地価の顕著な上昇など、維新の会が大阪府市の行財政運営を担ってから、一定の「成長」が認められる分野があることも確認した。

ただし、こうした「成長」が大阪という地域全体を底上げしているかどうかは、慎重に判断する必要があるだろう。実際、大阪市中心部では地価上昇が顕著である一方、南部の人口密集地域では必ずしも同様の成長がみられなかった。商業地地価はコロナ禍前には顕著に上昇していたが、同時期でも大阪府内の住宅地地価の上昇率は全国平均を下回っている。

「大阪の成長」が全体に波及しているとすれば、府の一人あたり県民所得や雇用者報酬、税収なども上昇するはずであるが、こうした数値は全国的な水準と比較すると横ばいである。都市中心部に偏在した「成長」は、大阪全体を浮上させる結果にはつながっていないといえるのではないだろうか。

大阪維新の会の都市経営には、こうした一点突破的な成長戦略が織り込まれてきた。外国人観光客の誘致と中心部商業地の「成長」に貢献するため、万博やＩＲ事業に財政支出が向けられるのも、こうした都市経営思想と整合的である。ただし、維新の会が大阪で暮らす個々人の利益に還元されるような開発事業を推進できなければ、それは緩やかに維新支持を毀損《きそん》していくものと思われる。なぜなら、第三章、第四章で見たように、大阪維新の会の支持は、集団の利益を解体して個人に配り直す財政ポピュリズムによって成り立っているからである。

開発政策は、まさに財政の本来の役割である集合的利益を実現するためのものである。万博やIR事業といった現在の成長戦略の延長線上にある政策も、大阪地域においてその必要性が共有されるならば、支持されるはずである。しかし、第三章の意識調査を見るかぎり、維新の会を支持する人びとも、こうした巨大開発については必ずしも肯定的ではない。

維新の会は結党から一〇年経過したとはいえ、ほかの主要政党と比較して歴史の浅い政党である。そのため、本来長い時間をかけて醸成される価値の共有や、それに基づく強固な支持基盤を持っているとはいえない。併せて、先述のとおり、維新の会を支持する人びとは熱狂的な信奉者というわけではなく、政策の成否を合理的に判断している。それゆえ、万博やIRといった開発事業が個々人の利益に実態的に結びつかず、あるいは財政負担で問題が生じるようになれば、これらの開発事業は財政ポピュリズムを武器として用いてきた維新の会にとって大きな弱点となることだろう。

第六章

財政ポピュリズムを乗り越える

試験点灯された大阪・関西万博会場の木造巨大屋根「リング」とポーズをとる公式キャラクター「ミャクミャク」。2024年5月21日夜、大阪市の夢洲(提供=共同通信社)

†大阪府民は「普通の人びと」

ここまで、本書では大阪維新の会について、その支持の構造、個別の財政政策、経済成長の実態を検証した。あらためて、その要点をまとめておこう。

まず、大阪維新の会に対する支持は大阪府民の特殊性に起因するという定説を、全国と大阪に分割したクラウドソーシング調査を用いたアンケート結果から検証した。その結果、生活保護や貧困世帯に限った福祉等に対する態度を除いて、ほとんどの項目で公共政策に対する態度に全国と大阪の間で統計的に有意な差は見られなかった。

また、大阪の居住者に対する調査では、二重行政の解消、授業料無償化、教育政策といった部分については、維新の非支持層も維新の会の政策に一定の評価を示していること、一方で、万博、IR事業のように維新支持層においても必ずしも評価が高いとはいえない政策も存在することがわかった。

このことから、大阪府民は、政党の支持・非支持だけではなく、個別の政策について合理的な判断や評価をしている可能性が示唆された。こうした結果は、維新の会が圧倒的に強い大阪において、維新の看板政策であった都構想が二度にわたる住民投票で否決された理由に「有権者の合理性」を読み取った既存の研究とも共通点を有していると考えられる。

†政策にみる「財政ポピュリズム」

では、維新の会が推進した政策のうち、特に高い評価を得た政策は、資源配分という点においていかなる形をとったのか。この点をめぐって、第四章では財政分析を行った。維新の政策は、しばしば「小さな政府」を志向する新自由主義だと批判される。しかし、大阪市の財政規模は、他の政令市と比較しても、維新躍進の以前以後も一貫して「大きな政府」であった。しかし、財政運営の内実には変化がみられた。

公務員制度改革や「中之島一家」批判を背景に、公務員給与に相当する大阪市の人件費支出水準は、二〇一一年度以降急低下していった。一方で、均衡財政主義的性格から地方債の返済にかかわる支出の水準が高くなっていった。近年では、投資的経費の増加によって、開発政策の特徴が顔を見せるようになっている。

また、教育政策では、近年、高校授業料無償化の所得制限の撤廃に象徴されるように、普遍主義的な政策がとられるようになってきた。この普遍主義は、維新の会が行ってきた既得権益批判と表裏一体で、多くの大阪府民から評価を得ているものと考えられる。

貧困層やハンディキャップをもつ人に対する公共支出は、必要性が強調される一方、その受益者は一部に偏る。増税や赤字を嫌う均衡財政主義のもとでは、税負担を増やさずに普遍主義的支出を行うためにマイノリティの利益を削り、頭割りの配分を拡充する案が選択される可能性がある。さらに、本書ではこうした「頭割りの普遍主義」を「財政ポピュリズム」と呼び、財政の本質的な役割をゆがめてしまう問題を抱えていることを指摘した。

†「大阪の成長」の光と影

最後に、維新の会が喧伝する「大阪の成長」について、税収やGDP、労働者所得、外国人観光客の動向、公示地価などのデータを分析し、検証した。大阪府の税収やGDP、労働者所得については、全国と比較しても、二〇一一年以降、ほぼ横ばいで推移しており、これらの数値から明確な「成長」は認められなかった。

一方、二〇一一年以降、急激な伸びを見せるのは、外国人観光客数や百貨店の売上、これらをテコに上昇する一部地域の商業地地価であった。しかし、これらの伸びは、コロナ禍によって大きく落ち込むことになる。その結果、コロナ収束後の回復も全国平均に比べて停滞した。外国人観光客の増加に依存する経済構造が、府内経済の生産量や雇用者報酬の底上げには必ずしも結びついていないことを考えると、維新が喧伝する「大阪の成長」の意味については、注意深い考察が必要だろう。

以上、各章での考察を通じて、大阪維新の会の政策の背景には「財政ポピュリズム」とも呼ぶべき現象、すなわち、①既存の資源配分を既得権益として解体し、②その資源をできるだけ広く配分し直す、その結果、③それまで財政を通じた受益を感じづらかったマジョリティからの支持が強化される、というメカニズムが働いていることを浮かび上がらせた。このメカニズムは、中間組織などの強固な支持基盤を持たない、結党まもない政党が支持を調達するための強力な武器となる。しかし、本書の随所でも指摘したように、財政ポピュリズムは致命的な問題も抱えている。

†既得権益批判と財政ポピュリズム

有権者が自己利益を最大化しようと考える合理的経済人のような存在だとすれば、彼らは自らに利益をもたらす政党を支持するものと考えられる。この点で、財政ポピュリズムは、特定の支持基盤を持たない政党と、自己利益を第一に考える経済合理主義的な有権者とを強く結びつける。

なぜなら、仮に有権者が自己利益を最大化しようと思うならば、一部の人のために支出されている項目を「既得権益」と攻撃して取り上げ、自分を含めたより多くの対象に配り直させるほうが合理的だからである。さらに、困難を抱える人だけを対象とした選別主義的な配分でなく、普遍主義的な配分によって自身も公共サービスの受益者に組み入れることが、自己利益の最大化に結びつく。

財政や各政策の分析を踏まえれば、大阪維新の会に対する根強い支持の背景として、個人の利益に焦点をあてた財政ポピュリズムがあるといえる。それを傍証するのは、大阪府民による、直近一〇年の大阪の変化や、個別の政策内容に対する評価の度合いである。実際に世論を二分した都構想は別にして、教育政策や、国の自粛要請に対して地域利益を優先した大阪のコロナ対応を評価する度合いは、非維新支持者でも相対的に高かった。

大阪府民は、直近一〇年間、大阪維新の会が推進した政策について、一律の評価を下しているわけではなく、個別の政策ごとに一定の合理性に基いて判断を下しているといえる。そして、マジョリティの自己利益に結びつく政策は、その中でも相対的に高い評価を得ることになった。既存の公共サービスを解体し、その原資を配り直す財政ポピュリズムは、自己利益の最大化を望む人びとに響いた可能性がある。

†財政ポピュリズムの限界

第三章で分析したように、大阪府民が全国と比較して必ずしも特殊な選好を持つわけでないとすれば、財政ポピュリズムは大阪以外の地域でも受け入れられる可能性がある。その点で、財政ポピュリズムは新しい政策ツールとして、維新以外の政党にも採用されるかもしれない。しかし、財政ポピュリズムには根本的な欠点がある。それは、個人の自己利益の追求に「財政」を従属させることで支持を固める点にある。

第四章でも述べたように、本来、財政によって供給される「公共財」は、利益を個人に分割できない（しない）からこそ、共同の税負担で賄うことが正当化される。さらに、私的財と違い、公共財をどれだけ社会に供給するかは、市場メカニズムによって決めることができない。ここで、共同での経済活動の支出水準や負担構造を決めるのは、個人の利益を超えた「価値」にもとづくのである。

アメリカの財政学者マスグレイブ夫妻は、各国が純粋公共財以外にも本来なら私的財に分類されるような財やサービスを、多様な水準で供給している現実を説明するために「価値財」という言葉を用いた(1)。

私たちの世界には、歴史、民族、規範、環境の異なった多様な社会が存在する。その中で、多種多様な財政支出が構成されるためには、個人利益を超えた多様な価値観の共有が必要になる。仮に私的財であっても、社会が共有する価値観に照らして政府が供給すべき財は、財政によって賄われるべきである。これが「価値財」という考え方である。しかし、ある価値に即して共同負担で購入された財やサービスであっても、自己利益追求の視点からは「既得権益」と映ることもあるだろう。

財政ポピュリズムは、価値によって集合した経済行為を、個人の利益に繰り戻すことで支持を調達する手法である。それは、「集合的経済行為＝財政」の根源的否定をはらんでいる。

ここまで説明すれば、大阪維新の会が有権者から高い支持を取り付けながら、なぜ都構想の住民投票が否決され、万博やＩＲ事業への機運醸成に必ずしも成功していないのか、その理由が明確になるだろう。財政ポピュリズムは、財政の本質的価値を否定することによって政治的支持を取り付ける手法である。しかし、万博や都構想は、共同の負担によって共同の利益を実現しようとする、まさに財政そのものといえるプロジェクトである。

それ故に、維新が支持を取り付ける手法として用いた財政ポピュリズムは、価値の共有による財政を通じた巨大なプロジェクトと根本的に矛盾を生じさせる。

この矛盾を乗り越えるには、集合的利益とその負担に対する価値の再建が必要となる。しかしながら、社会における価値の共有には、長い時間が必要になる。中間組織のような価値を共有する盤石な支持基盤を持たない維新の会にとって、時間のかかる価値の共有を育てることは容易ではないだろう。

†均衡財政主義と普遍主義

財政ポピュリズムとは、既存の財政を既得権益として解体し、さらにそれまで財政による受益を感じづらかった多くの人びとに原資を配り直す行為である。この考え方は、均衡財政主義と相性がいい。納税をしても自分たちにはリターンがなく、それは既得権益に支出されるのだから、人びとはこれ以上負担を負わされたくないと考える。それゆえ、頭割りの普遍主義的な資源配分を好むようになる。しかし、本来、普遍主義による配分は、政府に対する不信感を払拭し、増税や政府規模の膨張に対する人びとの同意を引き出すものとされてきた。

個人の負担は大きいが、全員が福祉サービスの受益者になる普遍主義的な福祉は、政府に対する人びとの信頼を補完し、高い税負担や増税への同意を引き出すとされる。その結果、普遍主義的な福祉を行う国は、財政の規模が膨張する傾向にある。北欧諸国などが大きな政府といわれるのも、普遍主義に基づく社会保障システムがあるためである。一方、本書が分析対象とした大阪においても、普遍主義的な資源配分が行われた。その文脈は、北欧の福祉国家とは異なり、増税に対する反発や既存の財政支出への批判を伴った財政ポピュリズムからのものである。

ここで、大阪の人びとは財政のあり方についてどのような選好を持っているのかを確認しよう。第三章において検討した、全国と大阪で行ったアンケート調査で、資源配分に関する選好について質問した項目がある。それが、図6-1の調査結果である。

これは、所得階層を貧困層、中間層、富裕層の三つに分けた上で、中間層以上が負担する公的教育サービスについて、選別主義から普遍主義までのいずれの配分方法が好ましいかを質問したものである。結論を端的にいえば、大阪府の回答者は全国に比べて選別的な配分を好まず、普遍主義的な配分を好むことがわかった。

財政ポピュリズムを駆動するのは、既存の政治や財政に対する不信感である。普遍主義的配分は、従来は政治や財政への信頼を補完する機能を期待されてきた。大阪において普

図 6-1　資源配分に関する選好の調査

（全国 n = 1,000、大阪府 n = 1,000）

配分方法	全国（大阪府除く）	大阪府	カイ二乗検定の標準化残渣
頭割りの普遍主義	169	215	**2.61**
傾斜付きの普遍主義	247	261	0.72
中間層を含む選別主義（一律）	150	172	1.34
中間層を含む選別主義（傾斜）	344	250	**4.6**
貧困層への限定的選別主義	90	102	0.91

出典：Freeasy を通じた筆者アンケート調査（詳細は第 3 章参照）より筆者作成。
注：質問は次の通り。

質問

いま、子供を育てている世帯として、貧しい世帯、普通の世帯、豊かな世帯の 3 つのグループがあるとします。子供子育て政策に使うお金を、普通の世帯から 4、豊かな世帯から 8 の合計 12 あつめます。この 12 を各グループにどのように配るべきか、あなたが最も望ましいと思う配り方を次の 5 つのうちから一つ選んでください（なお、各グループの世帯数は同数、育てられている子供の数も各世帯 1 人とします）。

選択肢

①貧しい世帯に 4、普通の世帯に 4、豊かな世帯に 4 で配分する
②貧しい世帯に 7、普通の世帯に 3、豊かな世帯に 2 で配分する
③貧しい世帯に 6、普通の世帯に 6、豊かな世帯に 0 で配分する
④貧しい世帯に 7、普通の世帯に 5、豊かな世帯に 0 で配分する
⑤貧しい世帯に 12、普通の世帯に 0、豊かな世帯に 0 で配分する

このうち、1 を「頭割りの普遍主義」、2 を「傾斜付きの普遍主義」、3 を「中間層を含む選別主義（一律）」、4 を「中間層を含む選別主義（傾斜）」、5 を「貧困層への限定的選別主義」とする。カイ二乗検定の結果、自由度 4、カイ二乗統計量 23.025 となり、p 値は 5% 未満有意（p 値 = 0.0001）となり、2 つのアンケート結果には統計的に有意な差が見られる。標準化残渣から選択肢 1、4 に差が見られる結果となった。

遍主義的なサービスが提供され、府民がそれを評価しているとすれば、大阪では政治や財政への信頼が培われ、価値の共有がなされるはずである。しかし、すでに見たように、全国同様、大阪においても増税に対する合意は得られていない。本書の調査や分析結果は、普遍主義的な財政運営は政府への信頼を高めるという単純な因果が、成り立たない可能性を示したものといえる。

†財政ポピュリズムと社会の価値の共有

大阪維新の会が選挙では圧倒的な強さを見せながら、都構想や万博、ＩＲ事業といった巨大プロジェクトでは十分な支持を調達できていない矛盾を、本書は財政ポピュリズムという現象に見いだしてきた。しかし、読者はこのように思うかもしれない。財政ポピュリズム結構と。

これまで、税金や社会保険を負担させられながら、そのリターンを享受できたという実感が乏しい人びとは、たとえ誰かが困ろうと、自己利益が確保される政治に魅力を感じるかもしれない。

ここで、注意深く考えなければならないのは、それでも財政は、個人の合理性を超えた集団の意思決定によって駆動し、さらにそれは回りまわって全体の利益につながってきたという事実である。

例えば、教育サービスは私的財としても扱える。実際、公的教育の外に、自己負担で提供される教育サービスは現代においていくらでもある。古くは、教育は私的サービスであり、多くの人は読み書きを習得することができなかった。しかし、社会が変容し、誰しもが教育を受けるべきであるという価値観が共有される中で、公的教育が国や地方公共団体によって提供されるようになる。社会で共に生きる人びとの間で共有される価値観が、財政の役割を質的にも量的にも変化させてきたのである。

さらに識字率の上昇は、社会における複雑な意思疎通を可能にする。知識や技術が一部の人の占有物でなくなることによって、さまざまなイノベーションが生じる。教育は個人の占有物でなく、多くの人びとが身につけることによってその利益を社会全体で共有できるようになる。経済学では、こうした個人の利益を超えて全体で生じる経済的利益を「正の外部性（外部効果）」と呼ぶ。

大事なのは、先の公的教育の供給のような事例では、個人が自分に利益があること以外を行わないと合理的に振るまえば、正の外部性が生まれないことである。例えば、自分の子どもに対する教育だけを望んで、公的な教育サービスに対する負担を渋れば、それは回りまわって全体で得られたはずの正の外部性を消し去ってしまう。そして、外部性が消え去った貧しい未来で暮らすことになるのは、他ならぬ自分の子どもたちである。この矛盾を乗り越えるためにこそ、個人の利益を乗り越えて、社会全体の価値を実現しようとする行為、つまり財政がある。

†価値を共有するのは簡単ではない――維新の会の「緑の政策」

財政のあるべき姿を取り戻すためには、公共サービスによる個人利益への単純な還元を説くのではなく、個人間で「共有される価値」を立て直すことが必要不可欠である。では、個人利益を超えて共有すべき価値観とはいかなるものだろうか。われわれはどうすれば財政ポピュリズムを乗り越え、「価値の共有にもとづく財政」を再構築できるのか。

ここで、共同利益や共同負担について、一つのわかりやすい例を示そう。人間の経済活動によって生じる気候変動は、人類のみならず地球全体の生命に不利益をもたらす。気候変動対策は、特定の個人に分割できない利益を与えてくれる。しかし、気候変動は経済活動によって生み出されるので、既存の経済活動を制限したり、設備や制度を変更するなど、コストを支払うことが必要となる。その負担は、全体で背負うことになる。

再生可能エネルギーに投資し、石油や石炭といった炭素エネルギーへの課税によってその使用を抑制することは、私たちにとって新しいコストになる。そのため、環境政策は産業界や、一般市民から抵抗を受けることも少なくない。しかし、気候変動による巨大な災害や、猛暑によるさまざま影響を考えれば、環境対策に対するコストは確実に共同の利益を生み出す。

興味深い点を指摘すれば、大阪維新の会は当初、その政策戦略集において脱原発とエネルギー改革という「緑の政策」を掲げていた。[2] しかし、教育費無償化政策などに比べ、維新の会の脱原発やエネルギー戦略といった政策はあまり注目されなかった。

国際的な比較世論調査であるISSPの二〇二〇年調査を見ると、安全や経済、社会保障といった八つの政策課題のなかで、最も重要な問題として「環境」を挙げている日本人は一割程度にとどまる（調査二八ヵ国中では平均値をわずかに下回る割合である）。この質問で最も回答が多かった項目が「経済」であることや、その割合が韓国に次いで調査対象の二八カ国の中で第二位だったことを考えると、環境政策は大きな共同利益をもたらすとはいえ、その世論を喚起していくことは容易ではないかもしれない。[3]

†「コスパ」を乗り越える

財政ポピュリズムは、必ずしも維新の会の専売特許ではない。税負担の一部を返礼品と交換できるふるさと納税制度は、共同の負担である税を個人の利益に交換するという意味において、財政ポピュリズムと性格の似た制度といえるだろう。ふるさと納税制度は、急速に寄付額を増やす一方で、流出元の自治体からは税収が失われ、結果的に、人びとに提供されるはずであった共同利益の総量を減らすことにつながっている。

ふるさと納税をする人は、居住自治体へ納税する市民によって支えられる公共サービスに割安で利用している格好となる。こうした状況は、共同経済の根本を揺るがすことになりかねない。とはいえ、ふるさと納税は、実質的に個人の税負担を軽減する仕組みであり、その利用は今風にいえば「コスパのいい」生き方なのかもしれない。

また、環境問題のように共同の利益が自明な領域ですら、政策における優先順位は依然として低い。現代社会において、共有される価値の復権を説いても、唇寒しとも取られかねないだろう。それでも本書は、経済における人間性を回復させるためには、社会で価値を共有して、共同の利益を共同の負担で実現する必要性を強調したい。

仮に、個人が最もコスパのよい選択をし続けたとしたら、教育は私的財のままだったかもしれない。人間のより良い生活のためには、教育という基本的なサービスを誰もが無条件で受けられるべきであるという価値の共有があって、はじめて教育は公的な財産となり、我々に「正の外部性」をもたらしてくれる。逆説的であるかもしれないが、真にコスパのいい生き方は、個人のコスパを超えた先にこそあるといえないだろうか。

そう考えれば、環境問題への負担も、社会的マイノリティへの再分配も、個人のコスパを超えた人間社会全体の豊かさに必要不可欠なものなのである。

維新の会を分析することから見えてきた、個人にとって「コスパのいい」資源配分によって支持を調達する財政ポピュリズムは、やがて私たち全体を貧しくするだろう。原資を頭割りで配り直すことで、多数の人が短期的にわかりやすいメリットを実感できる政治に比べ、大きな価値を共有することには時間がかかり、地道なプロセスの積み重ねが必要である。しかし、持続的な人間社会や、多様な素晴らしい創造物があふれる社会は、自己利益の追求を超えた先にある。一見遠回りに思われるかもしれないが、共有される価値を再建することが、私たちが真に成長を実感できる社会を生み出すのである。

注

第一章

（1）冨田宏治「組織化されたポピュリズム――大阪維新の会の虚像と実像」冨田宏治、中山徹・中山直和編著『日本維新の会をどう見るか』学習の友社、二〇二二年、二五頁。
（2）善教将大、石橋章市朗、坂本治也「大阪ダブル選挙の分析」『関西大學法学論集』第六二巻三号、二〇一二年。
（3）松本創「維新体制「完勝」の現実とその戦略――ルポ大阪・統一地方選」『世界』第九七〇号、二〇二三年より、坂本のインタビュー発言による。
（4）シュムペーター『租税国家の危機』岩波文庫、一九八三年、一〇頁。
（5）善教将大『維新支持の分析――ポピュリズムか、有権者の合理性か』有斐閣、二〇一八年、善教将大『大阪の選択――なぜ都構想は再び否決されたのか』有斐閣、二〇二一年。
（6）大森翔子「インターネット調査のサンプル特性――国勢調査・面接調査との比較」（ＮＩＲＡワーキングペーパーＮｏ．１）、二〇二一年、https://www.nira.or.jp/paper/article/2021/wp01.html［二〇二四年三月九日閲覧］
（7）塩田潮『解剖 日本維新の会――大阪発「新型政党」の軌跡』平凡社新書、二〇二一年、二三四頁。

第二章

(1)塩田潮『解剖 日本維新の会――大阪発「新型政党」の軌跡』平凡社新書、二〇二一年、第3章。
(2)山口勝己『「維新」政治と民主主義――分断による統治から信頼でつなぐ自治へ』公人の友社、二〇二三年、三〇頁。
(3)梶哲教「特別区・総合区とは何か」冨田宏治ほか著、大阪自治体問題研究所編『初歩から分かる総合区・特別区・合区』自治体研究社、二〇一七年。
(4)森裕之「財政――市政改革プランと財政効果の実際」藤井聡、村上弘、森裕之編著『大都市自治を問う――大阪・橋下市政の検証』学芸出版社、二〇一五年。
(5)上山信一、紀田馨『検証 大阪維新改革――橋下改革の軌跡』ぎょうせい、二〇一五年、四〇五頁。
(6)松井一郎『政治家の喧嘩力』PHP研究所、二〇二三年、八九頁。
(7)善教将大『維新支持の分析――ポピュリズムか、有権者の合理性か』有斐閣、二〇一八年、二二二〜二二三頁。
(8)松井、前掲書、一〇〇頁。
(9)善教将大『大阪の選択――なぜ都構想は再び否決されたのか』有斐閣、二〇二一年、一六三頁。
(10)上山、紀田、前掲書、一二六頁。
(11)大阪維新の会(政調会)著、浅田均編、上山信一監修『図解 大阪維新――チーム橋下の戦略と作戦』PHP研究所、二〇一二年、四二頁。
(12)上山、紀田、前掲書、一二六〜一二七頁。
(13)小西禎一、塩田潤、福田耕『維新政治の内幕――「改革」と抵抗の現場から』花伝社、二〇二三年、九四頁。

(14) 朝日新聞二〇〇八年九月一七日記事「「橋下知事は教育介入を」府内市長から共感、賛同」。
(15) 上山、紀田、前掲書、第7章参照。
(16) 上山、紀田、前掲書、一〇五頁。
(17) 関西テレビ「報道ランナー」二〇二二年九月二〇日放送「〝維新〟が進めた「教育改革」で消えゆく大阪府立高校――10年で17校が廃校に… 高校がなくなる市も」(https://www.ktv.jp/news/feature/220920-1/)。
(18) 小西、塩田、福田、前掲書、七二頁。
(19) 永尾俊彦『ルポ 大阪の教育改革とは何だったのか』岩波ブックレット、二〇二二年。
(20) 吉村洋文、松井一郎、上山信一『大阪から日本は変わる――中央集権打破の突破口』朝日新書、二〇二〇年、一三七~一三八頁。
(21) アジアプレス・ネットワーク、二〇二〇年一〇月三〇日記事「大阪市廃止でどうなる? 市から府に移管され支援学校は予算大幅削減「変わらない」松井氏答弁は反故に」(https://www.asiapress.org/apn/2020/10/japan/tokousou-3/〔二〇二四年三月一〇日閲覧〕)。
(22) 橋下徹、堺屋太一『体制維新――大阪都』文春新書、二〇一一年、一八五頁。
(23) 中山徹「医療・福祉の全般的削減」藤井聡、村上弘、森裕之編著『大都市自治を問う――大阪・橋下市政の検証』学芸出版社、二〇一五年、一〇七頁。
(24) 上山、紀田、前掲書、三〇六~三〇七頁。
(25) 上山、紀田、前掲書、三一三頁。
(26) 吉村、松井、上山、前掲書、一六~一九頁。
(27) NHK選挙Web「過去の世論調査 2020年5月・6月結果」(https://www.nhk.or.jp/

senkyo/shijiritsu/ ［二〇二四年三月一〇日閲覧］）。
（28）北村亘「新型コロナ禍における大阪府知事のメディア政治」『生活経済政策』第二九二号、二〇二一年、二三頁。
（29）Iwata, Kentaro & Miyakoshi, Chisato., "Detection of outlier prefectures on the mortality due to COVID-19 in Japan", Journal of Infection and Chemotherapy, Volume 29 Issue 4, 2023.
（30）吉弘憲介「コロナ臨時交付金の申請額と地方財政規模との関係に関する考察――２０２１年度、２２年度申請額を題材に」地方自治総合研究所『税財政研究会レポート　コロナ禍の行財政』二〇二三年（http://www.jichisoken.jp/report/zeizaisei/pdf/kyoshihiro2023.pdf ［二〇二四年三月一〇日閲覧］）。
（31）松井、前掲書、一〇二〜一一〇頁。
（32）吉村、松井、上山、前掲書、一三一頁。
（33）山口、前掲書、一五三頁。

第三章

（1）朝日新聞「維新の支持率、大阪35％　でも全国では…朝日新聞出口調査」二〇一九年七月二二日（https://digital.asahi.com/articles/ASM7M4G33M7MUZPS009.html ［二〇二四年五月一一日閲覧］）。
（2）善教将大『維新支持の分析――ポピュリズムか、有権者の合理性か』有斐閣、二〇一八年。
（3）冨田宏治「組織化されたポピュリズム――大阪維新の会の虚像と実像」冨田宏治、中山徹、中山直和編著『日本維新の会をどう見るか』学習の友社、二〇二二年。
（4）古谷経衡「「大阪都構想住民投票」で浮き彫りになった大阪の「南北格差問題」」ＹＡＨＯＯ！ニュース記事、二〇一五年五月一八日付（https://news.yahoo.co.jp/byline/furuyatsunehira/20150518-00045813

［二〇二四年五月二四日閲覧］）。
（5）善教、前掲書。
（6）冨田、前掲書。
（7）善教将大、石橋章市朗、坂本治也「大阪ダブル選挙の分析」『関西大學法学論集』第六二巻三号、二〇一二年。
（8）丸山真央「「都心回帰」と都市政治――大阪市政の「維新」ブームをめぐって」鯵坂学、西村雄郎、丸山真央、徳田剛編著『さまよえる大都市・大阪』東信堂、二〇一九年。
（9）下平好博「ポピュリズム政党の台頭に関する実証研究」『明星大学社会学研究紀要』第四〇号、二〇二〇年。

第四章

（1）塩田潮『解剖 日本維新の会――大阪発「新型政党」の軌跡』平凡社新書、二〇二一年、二三四頁。
（2）田中拓道『福祉国家の基礎理論――グローバル化時代の国家のゆくえ』岩波書店、二〇二三年、第1章。
（3）大阪維新の会（政調会）著、浅田均編、上山信一監修『図解 大阪維新――チーム橋下の戦略と作戦』PHP研究所、二〇一二年、四一頁。
（4）市政改革室「これまでの市政改革の取組と成果――平成18～令和3年度」大阪市、二〇二三年、五頁。
（5）アジアプレス・ネットワーク「大阪市廃止でどうなる？ 市から府に移管され支援学校は予算大幅削減「変わらない」松井氏答弁は反故に」二〇二〇年一〇月三〇日記事（https://www.asiapress.org/

apn/2020/10/japan/tokousou-3/［二〇二四年三月一〇日閲覧］）
（6）ジョン・クイギン『ゾンビ経済学――死に損ないの5つの経済思想』山形浩生訳、筑摩書房、二〇一二年、第四章。
（7）田中、前掲書、一九九～二〇六頁。
（8）島村玲雄「「新しい階級社会」の再分配――オランダSCPのレポートから考える」『週間社会保障』第七七巻三二三五号、四八～五三頁。
（9）ヤン＝ヴェルナー・ミュラー『ポピュリズムとは何か』岩波書店、板橋拓己、二〇一七年、五九頁。

第五章

（1）森裕之「「大阪の成長を止めるな」の検証――その政治性と欺瞞性」『大阪歯科保険医新聞』第一三三一号、二〇一九年五月二五日。

第六章

（1）リチャード・マスグレイブ＆ペギー・マスグレイブ『マスグレイブ財政学Ⅰ』木下和夫監修、大阪大学財政研究会訳、有斐閣、一九八三年、九五～一〇〇頁。
（2）大阪維新の会（政調会）著、浅田均編、上山信一監修『図解　大阪維新――チーム橋下の戦略と作戦』ＰＨＰ研究所、二〇一二年、八〇～八一頁。
（3）ISSP Research Group, International Social Survey Programme: Environment IV - ISSP 2020. GESIS, Cologne. ZA7650 Data file Version 2.0.0, 2023.（https://doi.org/10.4232/1.14153［二〇二四年三月九日閲覧］）

おわりに

本書は、大阪維新の会が行った政策を財政の面から分析し、その内実を「財政ポピュリズム」というキーワードから明らかにすることを目的としたものである。本書のこうした企てがどれだけ成功したのかについては、読者の評価を真摯に受けなければならないだろう。

戦後日本の都市政治、地方自治をめぐっては、丸山真男が『日本の思想』で述べるように、近代国家による中央集権制度と、周縁に置かれる地方からの抵抗という相克の枠組みのもとで論じられてきた。以来この論点は、政治学、行政学、財政学において舞台を変えながら議論されつづけている。

統治構造として分権的であった幕藩体制、村落共同体を、近代国家による中央集権へと鋳直していくプロセスで、地方から上る各種の改革圧力をどのように平らげるかという中央政府の権力の発露は、日本の地方行財政の歴史的性格として、令和においても各種の制度に見出すことができる。大阪維新の会という新興の都市政党が、財政ポピュリズムという既存の財政の解体によってしか新たな財源論を提示できない限界も、日本の行財政の歴史的拘束性の中で理解する必要があるだろう。

地方自治が叫ばれながらも、財政的な基盤として地域間の再分配システムが必要とされる中で、日本の都市部は必ずしも潤沢な自主財源を持っていない。その点で、維新の会の躍進は、戦後の都市財政における相対的な財源の乏しさという枠組みのもとで理解する必要がある。都市住民のニーズに十分に応えられる財源があれば、「身を切る改革」がこれほど支持されることはなかったかもしれない。このような戦後日本財政の中で、維新の会の財政運営、あるいは財政ポピュリズムと都市財政における財政の自由度の制約との関係については、今後の筆者に課せられた研究上の課題としたい。

ともあれ、財政ポピュリズムという文脈から、維新の会、ひいては現代日本における財政や税、財政に「コスパ」を求める民意との関係など、本書において実証的に提示できた問題意識は少なくなかったと思いたい。政治への信頼が急速に失われる中で、そのオルタナティブとして財政ポピュリズムという「政治の非政治化」が現れるのは、ある意味で必然的な流れともいえよう。

しかし、本書でくり返し指摘したように、財政や政治は、人が個人では乗り越えられない問題を解決するために生み出した歴史的遺産である。政治が信用できなくなったことから、個人に財政を頭割りで配り直しても、問題の根本解決にはならない。

財政によってもたらされる社会全体への利益について、有権者の認識をいま一度問い、集合経済の価値を再建しなければ、財政ポピュリズムは我々の生活そのものの持続性を失わせることになるだろう。その具体的なアイデアを提示することも、政策論を扱う筆者にとっての職業的な使命でもあると思われる。

「足元を掘れ、そこに泉湧く」、この言葉をかけて私に大阪維新の会の研究を勧めてくれたのは、公私にわたる友人で環境経済学者の山川俊和氏である。

筆者は、長く関東で育ち、大学院で学んだ後、鳥取県の（財）とっとり地域・連携総合研究センターの研究員として本格的な研究職のキャリアを得た。研究所では、大学院で学んだ内容の意味を何度も問いなおしたことを覚えている。財政学の教科書に書いてあることは、地方行財政の現場理解にそぐわないことも少なくなかった。あるいは、学問では整理できないような業務も多く、学問の価値が筆者にとって後景に退くように感じることもあった。しかし、だからこそ財政学の本質的価値を、どのように伝えなくてはならないのか、そのためには何を問うべきなのかを改めて考えることができた。

東京大学名誉教授神野直彦先生のご薫陶のもとで、アメリカ財政論から研究履歴をスタートさせた筆者が、二〇年を経て日本の都市財政をテーマに初めての本をまとめることになったのも、私のこうした経歴やその途中で出会ったさまざまな仲間や人びととの関係があってこそだと思う。

本書をまとめる上で、さまざまな人から建設的な意見やアドバイスをいただいた。恩師である慶應義塾大学名誉教授金子勝先生からは、研究会などで研究アイデアや原稿に対してコメントをいただいた。神奈川大学の青木宗明先生には、本書の元となる論文執筆機会をいただいた。あわせて、掲載に際してお世話になった財団法人地方自治総合研究所の飛田博史副所長と其田茂樹研究員にも感謝申し上げたい。この発表の場があったからこそ、本書を書くことができた。

同僚の財政学者、木村佳弘先生には本書をまとめる初期の段階から、財政学や地方財政論の歴史的、理論的面からさまざまなアドバイスをいただいた。大学院時代からともに学んだ地方財政論の専門家である埼玉大学の宮崎雅人先生にも、本書をまとめる上で有益なコメントをいただいた。

また、関西での研究生活においては、大阪市立大学名誉教授の宮本憲一先生が主催される国家経済研究会で多くの先生方から継続して研究にコメントをいただいた。そこでのコメントが、本書を執筆するうえで大いに参考となった。記して感謝を表したい。

筆者が勤める桃山学院大学からの有形無形の支援がなければ、本書をまとめることはできなかった。本書において用いているアンケートデータは桃山学院大学の倫理審査(了承番号53)を得て実施したものである。

同僚の井田憲計先生、木下栄二先生にも研究を進めるうえで大変お世話になった。また、アンケートデータの取り扱いに関して貴重なコメントを周南公立大学の難波利光先生からいただいた。

筑摩書房の加藤峻さんから、本書を出版するお声がけをいただかなければ、この本をまとめることはできなかった。本書のアイデア、各章の構成にも的確にコメントをいただき、さまざまな問題が起きても、そのたびに対応いただいた加藤さんには大変感謝している。

その他、数多くの知己、友人らの協力があってこそ本書をまとめることができた。改めて感謝申し上げたい。なお、本書における責任は当然筆者に帰属する。

最後に、父母、妻、子どもたち家族の支援にも感謝したい。筆者の転職のたびに慣れない場所での生活を強いた妻・咲には、感謝してもしきることはできない。研究は孤独なものと言われるが、筆者のそれは、数多くの友人、協力いただける人びとによって支えられてきた。この幸運に感謝するとともに、今後も継続した研究成果を出すことがこの恩にわずかにでも報いることになると願うばかりである。

吉弘憲介

二〇二四年五月

参考文献

日本語文献

朝日新聞「「橋下知事は教育介入を」府内市長から共感、賛同」二〇〇八年九月一七日。

朝日新聞「維新の支持率、大阪35% でも全国では…朝日新聞出口調査」二〇一九年七月二二日（https://digital.asahi.com/articles/ASM7M4G33M7MUZPS009.html［二〇二四年五月一一日閲覧］）。

鯵坂学、西村雄郎、丸山真央、徳田剛編著『さまよえる大都市・大阪――「都市回帰」とコミュニティ』東信堂、二〇一九年。

上山信一、紀田馨『検証 大阪維新改革――橋下改革の軌跡』ぎょうせい、二〇一五年。

NHK選挙Web「過去の世論調査：2020年5月・6月結果」（https://www.nhk.or.jp/senkyo/shijiritsu/［二〇二四年三月九日閲覧］）。

大阪維新の会（政調会）『図解 大阪維新――チーム橋下の戦略と作戦』PHP研究所、二〇一二年。

大阪市市政改革室『これまでの市政改革の取組と成果 平成18〜令和3年度』二〇二三年。

大森翔子「インターネット調査のサンプル特性――国勢調査・面接調査との比較」『NIRAワーキングペーパー』第1号、二〇二一年（https://www.nira.or.jp/paper/article/2021/wp01.html［二〇二四年三月九日閲覧］）。

関西テレビ「〝維新〟が進めた「教育改革」で消えゆく大阪府立高校 10年で17校が廃校に… 高校がなくなる市も」『報道ランナー』二〇二二年九月二〇日放送（https://www.ktv.jp/news/feature/220920-1/

［二〇二四年三月九日閲覧］）。

北村亘「新型コロナ禍における大阪府知事のメディア政治」『生活経済政策』第二九二号、一般社団法人生活経済政策研究所、二〇二一年。

ジョン・クイギン『ゾンビ経済学――死に損ないの5つの経済思想』山形浩生訳、筑摩書房、二〇一二年。

小西禎一、塩田潤、福田耕『維新政治の内幕――「改革」と抵抗の現場から』花伝社、二〇二三年。

塩田潮『解剖 日本維新の会――大阪発「新型政党」の軌跡』平凡社新書、二〇二一年。

島村玲雄「「新しい階級社会」の再分配――オランダSCPのレポートから考える」『週刊社会保障』第七七巻三二三五号、二〇二三年九月一八日、四八～五三頁。

下平好博「ポピュリズム政党の台頭に関する実証研究」『明星大学社会学研究紀要』第四〇号、二〇二〇年。

シュムペーター『租税国家の危機』木村元一、小谷義次訳、岩波文庫、一九八三年。

新聞うずみ火「大阪市廃止でどうなる？　市から府に移管され支援学校は予算大幅削減　「変わらない」松井氏答弁は反故に」『アジアプレス・ネットワーク』ウェブサイト、二〇二〇年一〇月三〇日(https://www.asiapress.org/apn/2020/10/japan/tokousou-3/［二〇二四年三月九日閲覧］）。

善教将大『維新支持の分析――ポピュリズムか、有権者の合理性か』有斐閣、二〇一八年。

善教将大『大阪の選択――なぜ都構想は再び否決されたのか』有斐閣、二〇二一年。

善教将大、石橋章市朗、坂本治也「大阪ダブル選挙の分析――有権者の選択と大阪維新の会支持基盤の解明」『関西大學法学論集』第六二巻三号、二〇一二年。

田中拓道『福祉国家の基礎理論――グローバル化時代の国家のゆくえ』岩波書店、二〇二三年。

冨田宏治、中山徹、中山直和『日本維新の会をどう見るか』学習の友社、二〇二二年。

永尾俊彦『ルポ 大阪の教育改革とは何だったのか』岩波ブックレット、二〇二二年。

橋下徹、堺屋太一『体制維新——大阪都』文春新書、二〇一一年。

藤井聡、村上弘、森裕之編著『大都市自治を問う——大阪・橋下市政の検証』学芸出版社、二〇一五年。

古谷経衡「「大阪都構想住民投票」で浮き彫りになった大阪の「南北格差問題」」YAHOO!ニュース記事、二〇一五年五月一八日付（https://news.yahoo.co.jp/byline/furuyatsunehira/20150518-00045813［二〇二四年五月二四日閲覧］）。

リチャード・マスグレイブ&ペギー・マスグレイブ『マスグレイブ財政学I』木下和夫監修、大阪大学財政研究会訳、有斐閣、一九八三年。

松井一郎『政治家の喧嘩力』PHP研究所、二〇二三年。

松本創「維新体制「完勝」の現実とその戦略——ルポ大阪・統一地方選」『世界』第九七〇号、岩波書店、二〇二三年。

丸山真男『日本の思想』岩波新書、一九六一年。

水島治郎『ポピュリズムとは何か——民主主義の敵か、改革の希望か』中公新書、二〇一六年。

森裕之「「大阪の成長を止めるな」の検証——その政治性と欺瞞性」『大阪歯科保険医新聞』第一三三一号、二〇一九年五月二五日（http://osk-hok.org/hokenishinbun/pdf/190525_1331/190525_1331_06.pdf［二〇二四年三月九日閲覧］）。

山口勝己『「維新」政治と民主主義——分断による統治から信頼でつなぐ自治へ』公人の友社、二〇二三年。

吉弘憲介「大阪維新の会による大阪市財政運営の実態——人口一人当たり歳出・歳入データを用いた他都市比較による分析」『自治総研』第五一六号、二〇二一年。

吉弘憲介「検証・大阪維新の会の財政運営――普遍主義に潜む社会的分断」『世界』第九七〇号、二〇二三年。

吉弘憲介「コロナ臨時交付金の申請額と地方財政規模との関係に関する考察――2021年度、22年度申請額を題材に」地方自治総合研究所『税財政研究会レポート コロナ禍の行財政』二〇二三年(http://www.jichisoken.jp/report/zeizaisei/pdf/kyoshihiro2023.pdf〔二〇二四年三月九日閲覧〕)。

吉村洋文、松井一郎、上山信一『大阪から日本は変わる――中央集権打破の突破口』朝日新書、二〇二〇年。

英語文献およびデータベース

ISSP Research Group, International Social Survey Programme: Environment IV - ISSP 2020, GESIS, 2023. (https://www.gesis.org/en/issp/data-and-documentation/environment/2020〔二〇二四年三月九日閲覧〕)
Iwata, Kentaro & Miyakoshi, Chisato., "Detection of outlier prefectures on the mortality due to COVID-19 in Japan" *Journal of Infection and Chemotherapy*, Volume 29 Issue 4., ScienceDirect, 2023. (https://www.sciencedirect.com/science/article/pii/S1341321X23000247〔二〇二四年三月九日閲覧〕)

ちくま新書
1802

検証《けんしょう》 大阪維新《おおさかいしん》の会《かい》
――「財政《ざいせい》ポピュリズム」の正体《しょうたい》

二〇二四年七月一〇日 第一刷発行
二〇二四年八月一〇日 第二刷発行

著者 吉弘憲介（よしひろ・けんすけ）
発行者 増田健史
発行所 株式会社 筑摩書房
東京都台東区蔵前二-五-三 郵便番号一一一-八七五五
電話番号〇三-五六八七-二六〇一（代表）
装幀者 間村俊一
印刷・製本 株式会社 精興社

ISBN978-4-480-07627-4 C0231

ちくま新書

960
暴走する地方自治
田村秀

行革を旗印に怪気炎を上げる市長や知事、地域政党。だが自称改革派は矛盾だらけだ。幻想を振りまき混乱に拍車をかける彼らの政策を分析、地方自治を問いなおす！

1367
地方都市の持続可能性
――「東京ひとり勝ち」を超えて
田村秀

煮え切らない国の方針に翻弄されてきた全国の自治体。厳しい状況下で地域を盛り上げ、どうブランド力を高めるか。都市の盛衰や従来の議論を踏まえた生き残り策。

1150
地方創生の正体
――なぜ地域政策は失敗するのか
山下祐介
金井利之

「地方創生」で国はいったい何をたくらみ、地方をどう支配しようとしているのか。気鋭の社会学者と行政学者が国策の罠を暴き出し、統治構造の病巣にメスを入れる。

1100
地方消滅の罠
――「増田レポート」と人口減少社会の正体
山下祐介

「半数の市町村が消滅する」は嘘だ。「選択と集中」などという論理を振りかざし、地方を消滅させようとしているのは誰なのか。いま話題の増田レポートの虚妄を暴く。

941
限界集落の真実
――過疎の村は消えるか？
山下祐介

「限界集落はどこも消滅寸前」は嘘である。危機を煽り立てるだけの報道や、カネによる解決に終始する政府の過疎対策の誤りを正し、真の地域再生とは何かを考える。

1602
地域学入門
山下祐介

近代化で見えなくなった地域の実像を、生態、社会、文化、歴史の側面からとらえ直す。限界集落や地方消滅問題に挑んできた気鋭の社会学者による地域学のすすめ。

1238
地方自治講義
今井照

地方自治の原理と歴史から、人口減少やコミュニティ、憲法問題など現在の課題までをわかりやすく解説。市民が自治体を使いこなすための、従来にない地方自治入門。

ちくま新書

1521
ルポ 入管
——絶望の外国人収容施設
平野雄吾

「お前らを日本から追い出すために入管（ここ）があるんだ」。密室で繰り広げられる暴行、監禁、医療放置——。巨大化する国家組織の知られざる実態。

1496
ルポ 技能実習生
澤田晃宏

どのように日本へやってきたか。なぜ失踪者が出るのか。働く彼らの夢や目標と帰国後の生活とは。国際的な人材獲得合戦を取材して、見えてきた労働市場の真実。

1125
ルポ 母子家庭
小林美希

夫からの度重なるDV、進展しない離婚調停、親子のギリギリの生活……。社会の矛盾が母と子を追い込んでいく。彼女たちの厳しい現実と生きる希望に迫る。

1029
ルポ 虐待
——大阪二児置き去り死事件
杉山春

なぜ二人の幼児は餓死しなければならなかったのか？現代の奈落に落ちた母子の人生を追い、女性の貧困を問うルポルタージュ。信田さよ子氏、國分功一郎氏推薦。

1691
ルポ 特殊詐欺
田崎基

強盗まがいの凶行で数百万円騙し取る。「家族を殺すぞ」と脅され犯行から抜け出せない。少年から高齢者まで全世代が警戒すべき、今最も身近で凶悪な犯罪のリアル。

1762
ルポ 歌舞伎町の路上売春
——それでも「立ちんぼ」を続ける彼女たち
春増翔太

買春客を待つ若い女性が急増したのはなぜか。当事者たちのほか、貢がせようとするホスト、彼女らを支援するNPO、警察などを多角的に取材した迫真のルポ。

1138
ルポ 過労社会
——八時間労働は岩盤規制か
中澤誠

長時間労働が横行しているのに、さらなる規制緩和は必要なのか？　雇用社会の死角をリポートし、「働きすぎの日本人」の実態を問う。佐々木俊尚氏、今野晴貴氏推薦。

ちくま新書

655 政治学の名著30 佐々木毅
古代から現代まで、著者がその政治観を形成する上でたえず傍らにあった名著の数々。選ばれた30冊は混迷を深める時代にこそますます重みを持ち、輝きを放つ。

465 憲法と平和を問いなおす 長谷部恭男
情緒論に陥りがちな改憲論議と冷静に向きあうには、そもそも何のための憲法かを問う視点が欠かせない。この国のかたちを決する大問題を考え抜く手がかりを示す。

294 デモクラシーの論じ方 ――論争の政治 杉田敦
民主主義、民主的な政治とは何なのか。あまりに基本的と思える問題について、一から考え、デモクラシーにおける対立点や問題点を明らかにする、対話形式の試み。

1033 平和構築入門 ――その思想と方法を問いなおす 篠田英朗
平和はいかにしてつくられるものなのか。武力介入や犯罪処罰、開発援助、人命救助など、その実際的手法と背景にある思想をわかりやすく解説する、必読の入門書。

1199 安保論争 細谷雄一
平和はいかにして実現可能なのか。安保関連法をめぐる激しい論戦のもと、この重要な問いが忘却されてきた。外交史の観点から、現代のあるべき安全保障を考える。

1241 不平等を考える ――政治理論入門 齋藤純一
格差の拡大がこの社会に致命的な分断をもたらしている。不平等の問題を克服するため、どのような制度を共有すべきか。現代を覆う困難にいどむ、政治思想の基本書。

1777 民主主義を疑ってみる ――自分で考えるための政治思想講義 梅澤佑介
民主主義だけでは民主主義は機能しない。それを補完・抑制する自由主義、共和主義、社会主義などの重要思想を一望し、政治について考えることの本質に迫る。

ちくま新書

1393
教養としての政治学入門
成蹊大学法学部編

いま政治学では何が問題になっているのか。政治史・政治理論・国際政治・福祉・行政学・地方自治などの専門研究者が12のテーマで解説する、知の最先端への道案内。

1407
官僚制と公文書
――改竄、捏造、忖度の背景

新藤宗幸

眼を覆いたくなるほど凄まじい官僚の劣化。組織構造、意思決定、情報公開法や公文書管理法など、官僚統制のシステムを問いなおし、〝政権主導〟の暴走をえぐる。

1355
日本が壊れていく
――幼稚な政治、ウソまみれの国

斎藤貴男

「モリ・カケ」問題、官僚の「忖度」、大臣の舌禍事件……。政治の信頼を大きく損ねる事件が、なぜこれほど続くのか？　日本の政治が劣化した真因を考える。

1477
ＥＵ離脱
――イギリスとヨーロッパの地殻変動

鶴岡路人

ついに離脱を現実のものとしたイギリスが失うものとはなにか？　一枚岩になれないＥＵはどうなるのか？　なお問題山積のヨーロッパの現在を最も正確に論じる。

1519
リベラルの敵はリベラルにあり

倉持麟太郎

「フェイク」リベラルの「ハリボテ」民主主義ではもう闘えない。個人の自由を脅かす無法国家を露呈したコロナ後時代に提言する、保守層も必読の斬新な挑戦状。

1591
民主党政権　未完の日本改革

菅直人

民主党政権は本当に失敗だったのか。マニフェストの諸政策を再検証し、未完に終わったにすぎない「日本改革」を今こそ実現すべく、リベラル復活に向けて掲げなおす。

1020
生活保護
――知られざる恐怖の現場

今野晴貴

高まる生活保護バッシング。その現場では、いったい何が起きているのか。自殺、餓死、孤立死……。追いつめられ、命までも奪われる「恐怖の現場」の真相に迫る。

1697
ウクライナ戦争
小泉悠
2022年2月、ロシアがウクライナに侵攻した。21世紀最大規模の戦争はなぜ起こり、戦場では何が起きているのか？　気鋭の軍事研究者が、その全貌を読み解く。

1702
ルポ プーチンの破滅戦争
——ロシアによるウクライナ侵略の記録
真野森作
なぜウクライナ戦争が起こったのか、戦時下で人々はどうしているか。虐殺の街で生存者の声を聞いた記者が、露プーチン大統領による理不尽な侵略行為を告発する。

1739
ウクライナ動乱
——ソ連解体から露ウ戦争まで
松里公孝
ウクライナの現地調査に基づき、ロシアのクリミア併合、ドンバスの分離政権と戦争、ロシアの対ウクライナ開戦準備など、その知られざる実態を内側から徹底的に解明。

1345
ロシアと中国　反米の戦略
廣瀬陽子
孤立を避け資源を売りたいロシア。軍事技術が欲しい中国。米国一強の国際秩序への対抗……。だが、中露蜜月の舞台裏では熾烈な主導権争いが繰り広げられている。

1514
中東政治入門
末近浩太
パレスチナ問題、「アラブの春」、シリア内戦、「イスラーム国」、石油依存経済、米露の介入……中東が抱える複雑な問題を「理解」するために必読の決定版入門書。

1331
アメリカ政治講義
西山隆行
アメリカの政治はどのように動いているのか。その力学を歴史・制度・文化など多様な背景から解説。アメリカン・デモクラシーの考え方がわかる、入門書の決定版。

1193
移民大国アメリカ
西山隆行
止まるところを知らない中南米移民。その増加への不満がいかに米国社会を蝕みつつあるのか。米国の移民問題の全容を解明し、日本に与える示唆を多角的に分析する。

ちくま新書

1014 学力幻想　小玉重夫

日本の教育はなぜ失敗をくり返すのか。その背景には、子ども中心主義とポピュリズムの罠がある。学力をめぐる誤った思い込みを抉り出し、教育再生への道筋を示す。

1451 大学改革の迷走　佐藤郁哉

シラバス、PDCA、KPI……。大学改革にまつわる政策は理不尽、理解不能なものばかり。なぜそういった改革案が続くのか？　その複雑な構造をひもとく。

1511 学力格差を克服する　志水宏吉

学力格差の実態はどうなっているのか？　それを克服するにはどうすればよいのか？「学力保障」の考え方や学校の取り組みなどを紹介し、解決に向け考察する。

1337 暴走する能力主義——教育と現代社会の病理　中村高康

大学進学が一般化し、いま、学歴の正当性が問われている。〈能力〉のあり方が揺らぐ現代を分析し、私たちが生きる社会とは何なのか、その構造をくっきりと描く。

1708 ルポ 大学崩壊　田中圭太郎

教職員に罵声を浴びせて退職強要。寮に住む学生45人を提訴。突然の総長解任。パワハラ捏造。全国の大学で起きた信じ難い事件を取材し、大学崩壊の背景を探る。

1468 国語教育　混迷する改革　紅野謙介

実用文と複数資料を扱う「大学入学共通テスト」の構造的欠陥とは。論理と文学を切り分けた「新学習指導要領」の行方は。歪められつつある国語教育の未来形を考える。

1354 国語教育の危機——大学入学共通テストと新学習指導要領　紅野謙介

二〇二一年より導入される大学入学共通テスト。高校国語教科書の編集に携わってきた著者が、そのプレテスト問題を分析し、看過できない内容にメスを入れる。

ちくま新書

020
ウィトゲンシュタイン入門
永井均
天才哲学者が生涯を賭けて問いつづけた「語りえないもの」とは何か。写像・文法・言語ゲームと展開する特異な思想に迫り、哲学することの妙技と魅力を伝える。

029
カント入門
石川文康
哲学史上不朽の遺産『純粋理性批判』を中心に、その哲学の核心を平明に読み解くとともに、哲学者の内面のドラマに迫り、現代に甦る生き生きとしたカント像を描く。

200
レヴィナス入門
熊野純彦
フッサールとハイデガーに学びながらも、ユダヤの伝統を継承し独自の哲学を展開したレヴィナス。収容所体験から紡ぎだされた強靭で繊細な思考をたどる初の入門書。

277
ハイデガー入門
細川亮一
二〇世紀最大の哲学書『存在と時間』の成立をめぐる謎とは？　難解といわれるハイデガーの思考の核心を読み解き、西洋哲学が問いつづけた「存在への問い」に迫る。

301
アリストテレス入門
山口義久
論理学の基礎を築き、総合的知の枠組をつくりあげた古代ギリシア哲学の巨人。その思考の方法と核心に迫り、知の探究の軌跡をたどるアリストテレス再発見！

776
ドゥルーズ入門
檜垣立哉
没後十年以上を経てますます注視されるドゥルーズ。哲学史的な文脈と思想的変遷を踏まえ、その豊かなイマージュと論理を読む。来るべき思想の羅針盤となる一冊。

533
マルクス入門
今村仁司
社会主義国家が崩壊し、マルクス主義が後退した今、マルクスを読みなおす意義は何か？　既存のマルクス像からはじめて自由になり、新しい可能性を見出す入門書。

ちくま新書

482
哲学マップ
貫成人
難解かつ広大な「哲学」の世界に踏み込むにはどうしても地図が必要だ。各思想のエッセンスと思想間のつながりを押さえて古今東西の思索を鮮やかに一望する。

1165
プラグマティズム入門
伊藤邦武
これからの世界を動かす思想として、いま最も注目されるプラグマティズム。アメリカにおけるその誕生から最新の研究動向まで、全貌を明らかにする入門書決定版。

1119
近代政治哲学
——自然・主権・行政
國分功一郎
今日の政治体制は、近代政治哲学が構想したものだ。ならば、その基本概念を検討することで、いまの民主主義体制が抱える欠点も把握できるはず！ 渾身の書き下し。

1060
哲学入門
戸田山和久
言葉の意味とは何か。私たちは自由意志をもつのか。人生に意味はあるか……こうした哲学の中心問題を科学が明らかにした世界像の中で考え抜く、常識破りの入門書。

944
分析哲学講義
青山拓央
現代哲学の全領域に浸透した「分析哲学」。言語のはたらきの分析を通じて世界の仕組みを解き明かすその手法は切れ味抜群だ。哲学史上の優れた議論を素材に説く！

964
科学哲学講義
森田邦久
科学的知識の確実性が問われている今こそ、科学の正しさを支えるものは何かを、根源から問い直さねばならない！ 気鋭の若手研究者による科学哲学入門書の決定版。

967
功利主義入門
——はじめての倫理学
児玉聡
「よりよい生き方のために常識やルールをきちんと考えなおす」技術としての倫理学において「功利主義」は最有力のツールである。自分で考える人のための入門書。

ちくま新書

1528
レイシズムとは何か
梁英聖
「日本に人種差別はあるのか」。実は、この疑問自体が差別を生み出しているのだ。「人種」を表面化させず、差別を扇動し、社会を腐敗させるその構造に迫る。

1620
東京五輪の大罪
――政府・電通・メディア・ＩＯＣ
本間龍
２０２１年猛暑のなか、多くの疑惑と世界的パンデミックでも強行された東京五輪。そこで明らかになった利益優先、政治利用、世論誘導やメディア支配の全貌とは。

1797
町内会
――コミュニティからみる日本近代
玉野和志
加入率の低下や担い手の高齢化により、存続の危機に瀕する町内会。それは共助の伝統か、時代遅れの遺物か。コミュニティから日本社会の成り立ちを問いなおす。

1789
結婚の社会学
阪井裕一郎
「ふつうの結婚」なんてない。結婚の歴史を近代から振り返り、事実婚、同性パートナーシップなど、従来のモデルではとらえきれない家族のかたちを概観する。

1760
「家庭」の誕生
――理想と現実の歴史を追う
本多真隆
イエ、家族、夫婦、ホーム……。様々な呼び方をされるそれらをめぐる錯綜する議論を追うことで、これまで語られなかった近現代日本の一面に光をあてる。

1654
裏横浜
――グレーな世界とその痕跡
八木澤高明
オシャレで洗練され都会的なイメージがある横浜。しかし、その背景には猥雑で混沌とした一面がある。欲望、野心、下心の吹き溜まりだった街の過去をさらけ出す。

1373
未来の再建
――暮らし・仕事・社会保障のグランドデザイン
井手英策
今野晴貴
藤田孝典
深まる貧困、苛酷な労働、分断される人々。現代日本の根本問題を抉剔し、誰もが生きる上で必要なベーシック・サービスの充実を提唱。未来を切り拓く渾身の書！